遥かなる稜線

佐藤 公威

文芸社

カバー装画　庄司美代子
本文カット　佐藤　公基

目次

遥かなる稜線

一章　宿命

真夜中の豪雨……9
北海道の日々……11
親友との約束……20
父遂に帰らず……29
衝撃への疑惑……46

二章　試練

苛酷な初体験……57
ふるさと賛歌……68
脱却への転機……78
希望に燃える……84
すべての喪失……90

三章　挑戦

気を吐く熱弁……99
幸運な再就職……116

目　次

激闘の始まり……133
展望は拓けた……145
喜びと悲しみ……167

四章　躍　動

父の遺志実現……177
戸惑う別世界……201
大先輩のこと……218
県政の修羅場……224
試練の時再び……247

五章　遠い道

自分探しの旅……283
突然の癌告知……287
地で行く闘病……291
悪夢は去った……302
重い個の完結……306
あとがき……310

一章　宿命

真夜中の豪雨

屋根を打つ雨脚《あまあし》が突然激しくなってふと目がさめた。この世の憂《う》さを一気に洗い流してくれそうな勢いである。

二百十日早々の豪雨襲来は、干天続きだったこの夏の終わりを告げて、はじけ散る雨の狂騒も沁み入るように心地よい。

――万物が生き返るであろういい雨だ。この世に生を受けて七十二年、俺の人生は一体何だったのだろう。

眠れぬままに、私はうたかたとも思える過去を振り返った。

――人はみな宿命の糸に手繰《たぐ》られながら生きる。いくら努力してみても所詮はなるようにしかならないのが世の常だ。なのに最近、乱行《らんぎょう》相次ぐお偉方の醜態は、政・官・民を問わずまさに驚くばかり。自己保身に汲すると人間はかくも傲慢《ごうまん》になるものか。これが世のならいなら、誰が政治など信じよう。しかしかく言う自分自身も、そんな世界に少なからず生きて来て、果たして同類項ではなかったのか。

私はさてと考え込んだ。

――俺は何のために戦い続けたのか。人は利用価値があれば寄って来てなくなれば去った。帰するところ個の利害打算だけなら、この世の混迷も当然、人間の内なる崩壊は更に進む。人の値打ちとは一体何か?

深夜の静寂を遮断する豪雨が、この際自らを問い直せとばかりに沛然《はいぜん》と地を叩く。

いつしか私は、宿命と時代の潮流に翻弄《ほんろう》され続けた、我が激闘の人生を回想していた。

北海道の日々

私、佐藤公威は昭和六（一九三一）年四月二十二日、北海道留萌《るもい》郡留萌町、北海道庁留萌支所の官舎で呱々《ここ》の声を上げた。満州事変が勃発《ぼっぱつ》した年である。北海道庁に新規採用された父親の、最初の赴任地が留萌支所だったのである。

私は、共に明治三十五（一九〇二）年生まれの父喜一郎《きいちろう》と母範子《のりこ》の次男坊。兄妹は男五人、女一人の六人で、公基《こうき》、公威《こうい》、睦子《むつこ》、公哉《こうや》、公侍《こうじ》、公平《こうへい》と続いた。

子の名前が、全てお経を唱えながら付けたような感じでいささか気になるが、男の子全員に公の字を冠したのは「おおやけの為になる人になって欲しい」との、親の願望からなのであろう。

釣りを趣味とする喜一郎は、休日を選んでは自転車で山奥の沢にヤマメを求め、型のいい獲物を竹で編んだびく一杯にして帰った。

ヤマメはサケ科に属し、背に小さな黒点を散在させる。手にすると両腹面にグレーの小判型斑点《はんてん》をくっきり浮かべ、淡褐色を配して銀色に輝く。綺麗な水にしか住まない眩《まぶ》しい渓流魚である。

「クマが出るので今は駄目だが、もう少し大きくなったら連れて行ってやるからな」

日灼《や》けした顔をほころばせながら、ふたりの幼子に頬ずりをして子煩悩ぶりを発揮する喜一郎は、いつも何となくこっけいで、子供達とはまるで友達同士だった。

家中大騒ぎで重いびくを台所へ運び、水を張ったたらいに移すと、手際よく鋏《はさみ》ではらわたを取り出して竹の串に刺す。範子が七輪の炭火でこんがり焼き上げるまでの作業だが、生臭い嫌な匂いはいつの間にかヤマメ特有の旨そうな匂いに変わった。

焼いたヤマメを丸ごと使ったすまし汁と、牛乳やバターで仕上げるジャガイモのグラタンは、これぞ北海道の味だった。

夕食を済ませると、一家は連れ立ってよく街の銭湯へ出掛けた。

二人の子を抱えるように首までお湯につかって目をつぶり、しばらく温まってから深呼吸をすると、喜一郎は人が居ても居なくても低い声で浪曲を唸《うな》り始めたりした。みんなが視線を向け恥ずかしくてたまらなくなるので、そろそろ始まるなあと思う頃合いを見計らっては、公基と二人で父の側を離れることにしていた。すると喜一郎は、決まって逃げ出そうとする子の腕や足を素早く摑《つか》んで離さなくなる。子がそれをいやがって騒ぐのが面白いらしい。浪曲を唸るのも本当は子をかまうためだったのであろう。

「どれ洗ってやる。公基からか？」

手拭いに石鹸でたっぷり泡を立てると、喜一郎はいつも交替でふたりの子の全身を丹念に洗った。体をくるくる回される度に、転びそうになってタイルの床にあぐらをかく喜一郎の広い肩や逞しい腕に摑まるのだが、固く締まった筋肉の感触は何とも頼もしい限りだった。

喜一郎は、京都の高等蚕糸学校を出たことで一年志願の陸軍少尉でもあった。福島県耶麻《やま》郡山都《やまと》町大字一の木字高野原《こうやはら》が本籍で農家の長男だったが、実家の農業を次男の武雄に譲り自らは官吏の道を選んだ。豪胆で明るく柔道初段。学生時代は大阪中之島公会堂で時折開催された関西学生雄弁大会に、常に京都高蚕の代表として出場、大会荒らしの異名を取る雄弁《ばんげ》家で知られた。

範子は、会津坂下町中町の料亭『美登屋』のひとり娘。幼少の頃父と死別して母の手ひとつで育て上げられた。気丈で聡明、娘時代は評判の美人だったとか。当時の実科女学校を出ていて筆を取っては実に達筆だった。

二人が結ばれるに至ったなれそめはさだかではない。しかし喜一郎の叔父で、戦時中官選の町長を拝命、公職追放解除後会津坂下町長を連続三期務めた佐藤金三郎に、薦められての結婚だったという。金三郎は旧郡役所の書記で、若くして郷里の一の木村から会津坂下町に移り住んだ。かつては美登屋常連の呑兵衛だったが、町長を拝命した途端、酒は一滴も口にしなくなった。

私が三歳になった頃、妹の長女睦子が誕生、留萌には六年間生活して一家は札幌市南四条へ移転した。

もとより借家住まいだったが、本庁への栄転ですっかり気をよくした喜一郎は、北海道の養蚕振興に尽力する一方、時として仕事帰りの役所仲間を大勢家へ連れて来て、母に酌をさせながらの談論風発を得意とした。

給仕に出る子供達一人ひとりを抱きかかえながら大声で酔客に紹介し、お世辞を言われて悦に入っていた喜一郎は、いくつになってもお人好しの子煩悩ではあった。役人生活に満足しきっていたのであろう。

養蚕は当時わが国の有力産業に位置付けられ、日本の絹糸は質において世界一だと評された。したがって蚕業技術指導関係の役人もまた重きをおかれ、どこへ行ってももてもてだったのである。

私の健康に、異常が現れたのはこの頃だった。寒い日や風邪をひいたりすると、呼吸をするたびに「ヒューヒュー、ぜいぜい」のどを鳴らして苦しむのである。

驚いた範子が、医者に連れて行って診てもらったところ「小児喘息《ぜんそく》だ」と診断された。体質の隔世遺伝らしく、大人の年齢に達する頃には治る例が多いという。痰が切れず、息は吸えるのに吐くことが困難になる気管支喘息は、罹《かか》った人でなければ本当の苦しさは到底理解できない病気である。

「父さんのおじいさんが、いつもぜろぜろしている人だったからよ、きっと。苦しそうで見ていられないわ」

範子は私が発作を起こして脂汗をかく度に、寝ずに背中をさすって看病した。冬になると真綿を棒状にして首に巻いてしばり、薄く延ばして肌着の上から背中に当てるなど、発作を防ぐための気遣いは大変だった。

『龍角散』を飲んでも治まらない時には、近所の開業医まで飛んで行って往診を依頼、『エフェドリン』を皮下注射してもらって発作を静めた。私の持病は、その後も永く尾を引いて悩みの種になったのである。

喜一郎はよく夜遅くなってから、役所が招集する各種会合での挨拶原稿を作成した。

「役人の挨拶は型にはまり過ぎていて常に面白くない。なぜ形式にこだわらずに、もっと平易で率直な挨拶が出来ないのだろう。変えなければ駄目だ」

偉そうに一人で憤慨しながら、懲りずに試行錯誤を重ねた。

字の下手な喜一郎が直接書くのではなく、本番さながらに何度もゆっくり挨拶を繰り返す喜一郎の側で、達筆な範子がそのまま書き取るといった二人三脚の速記方式だった。字を書く範子の膝枕《ひざまくら》でごろりと横になり、腕を組んで挨拶を繰り返しては感想を求め、またやり直すといった身勝手な方法をとることもしばしばだったが、その光景はなんとも微笑《ほほえ》ましいものだった。

「よしよし、これでいい。課長もびっくりするだろう」

出来上がった原稿を嬉しそうに読み返しながら一人でにんまりする時、喜一郎はいつもご機嫌だった。

——父さんは多分、これで点数を上げているんだろう。それにしても家の父さんと母さんは、なかなか息の合ったうまい組み合わせではないか。

私は内心そう思いながら、そんな両親をほんわか気分で眺めていた。

三男の公哉はこんななか札幌で生まれた。まずは中流の円満家庭にあって、私は就学前、二つ違いの兄と共に当時はなかなか買ってもらえなかった上下お揃いの紺の洋服を着て、キリスト教会の土曜・日曜学校へ通ったりもした。

私が小学校に入学したのは日中戦争が始まった翌年の昭和十三（一九三八）年春。札幌市立幌西尋常小学校一年一組で担任は横路節雄先生だった。後の社会党代議士で、元北海道知事横路孝弘氏の実父である。やさしくて包容力のあるいい教師で、毎日学校へ行くのが楽しくて仕方がなかった。しかしそんな日々も長くは続かなかった。

耐乏生活の強制や思想統制の強化など、明日への不安が次第に高まる暗い世相を背景に喜一郎が突然、こんどは福島県庁への転任を命じられたからである。

今でこそ引っ越しは楽になったが、その頃は実に大変で、物資の不足もあって荷造り一切を終えるのに、役所の手伝いや家族全員で十日もかかる大仕事だった。

「父さんの栄転と福島県庁はいいんだけど、また荷造りかと思うとぞっとするわ。転任もこれさえなければねえ」

範子は、溜息まじりにそんな愚痴をこぼしながらも、子供達と共に大張り切りで荷造りをこなした。郷里の福島は一家にとって、希望の膨らむ新天地に思えたのである。

殖産興業や富国強兵を旗印に、軍国主義への傾斜を強めた日本は、すでに日清・日露の戦いに勝利を収め、いままた日中戦争の全面展開ですっかり有頂天になっていた。これで名実共に世界の列強と肩を並べるに至ったと錯覚した政府と軍部は、無謀にも太平洋戦争に至る、長く危険な道程をひたひたと走り続ける。国民の多くもまた熱狂的に『神州の不滅』を信じ、軍部の強硬路線に飲み込まれて行ったのである。

福島県への転任が実現したのは、喜一郎が日米開戦近しを予測して、北海道よりは郷里へ帰った方が家族も安心だとの判断から、転任を願い出た結果なのか、それとも準戦時体制下の蚕業振興策と、陸軍少尉佐藤喜一郎招集の恣《し》意的意図が、誰かによって練られた結果なのかは不明だった。だが皮肉にもそれは、国中がそうであったように一家にとっても悲劇の始まりだったのである。

親友との約束

福島の新居は、福島市森合百舌坊《もずぼう》。板塀に囲まれて庭もある古い木造平屋建の借家だったが、三つの和室と応接洋間も付いたいい家だった。私は、裕福な家庭の子にでもなったような気分だった。

——官吏は、毎日自転車で役所へ行って帰って来るだけで、転勤の度毎にだんだん地位が上がっていい家にも住める……。俺もやがて県庁に入ろうか？

単純にそう考えたりもした。

間もなく四男の公侍が生まれ、わが家はますます賑《にぎ》やかになった。しかし時代の潮流は子供にものんびり生きることをすでに許さなくなっていたのである。

国際連盟の脱退以後、二・二六事件や日中開戦を経て第二次世界大戦が始まり、国際的に孤立を深めた日本は、日独伊三国同盟を締結する一方、治安維持法や国家総動員法を拠《よ》りどころに、ファシズムと独善的な戦争政策の二頭馬車で、破局への暴走を更に続けた。そして昭和十六（一九四一）年十二月八日、遂に米英両国に対して宣戦を布告したのである。

私が初等科二年生に転入した福島市立第四国民学校には、怖い先生がたくさんいた。大きな声でわけもなくいきなり気合いを入れたり、騒いでいる子のほっぺたを力まかせに平手で叩いたり、掃除が駄目だと言っては、水の一杯入った重たいバケツを持たされ、

「そのまま一時間、廊下に立ってろっ！」

と、怒鳴られたりした。

私は、当時陸軍が各学校に派遣した将校によって頻繁に行われた『戦時教練』が嫌いだった。しかし仮にも「いやです」とは言えなかったばかりか、真珠湾攻撃の大戦果に次ぐ日本軍の快進撃に、ただ手を叩いてみんなで万歳を叫んでいるうちに、

――鬼畜米英撃滅のため、オレも早く少年航空兵になって国のために働きたい。

などと、本気で考えるようにさえなっていたのである。

友人を家へ連れて来て、酒を酌《く》み交わしながら議論するといった喜一郎の習性は、福島へ来てからも変わることはなかった。

お互いの家を行ったり来たりする飲み仲間で、親友の一人に山田登がいた。旧制中学の同級生で仕事も同じ養蚕関係だった。

「只今っ。おーい山田さんが一緒だ」

「あら、どうぞお上がり下さい」

範子が愛想よく応対に出る。

「お邪魔します。ご主人が急に今日は家へ行こうと言うもんでついお供しました」

「そんな他人行儀なことはおっしゃらずに、いつでもどうぞおいで下さい。先日はうちがお邪魔して、奥様遅くまで大変でしたでしょう？　何もございませんがごゆっくりなさって下さい」

「実は先日の話の続きがありましてね、今日はこれでも緊張気味なんです」

「あら、緊張だなんてどんなお話だったんでしょう？」

「肴《さかな》はなんでもいい。配給の酒はまだあったな？　早いとこ頼む」

「すぐ準備します」

座敷のテーブルを挟んで、向かい合うように腰をおろした二人は、いつになく真剣な顔だった。

「山田君結論は出たか？」

「俺の結論は、この前話し合った時に決まっていた。それで君はどうするつもりなんだ。今日はそれを聞こう」

「君がやるなら俺もやる。当たり前だろう」

公基と私が範子に頼まれて、銚子《ちょうし》や肴を盆に乗せて運んで行く。

「おじさん、今晩は」

「やあみんな元気か。お駄賃あげる。『少年倶楽部』でも買いなさい」

「おじさん、ありがとう」

「母さんが忙しそうだから、おじさんにお酒を注いでやんなさい」

「はい」

睦子も加えた兄妹三人は、それから何度も出来た料理や熱燗《あつかん》の銚子を座敷へ運んだ。飲むほどに酔うほどに、二人の話は熱を帯びた乱暴なものになった。

「おい佐藤、貴様が耶麻郡で俺は相馬郡だ。役人を辞めたら共に必ず県会に起《た》とう！」

「よーし、二人で県政発展のために大いに気を吐こう。前途を祝して乾杯だ。県会議員を目指して乾杯っ」

「男の約束だ。誓ったぞ」

手を握り合い意気投合する酒に酔った二人の迫力に、私は圧倒される思いだった。そしてこの時の二人の会話とその意味は、私にとってその後も永く忘れられないものとなったのである。


喜一郎に召集令状が来たのは昭和十八（一九四三）年十一月一日、福島市の県信夫地方事務所経済課長在任中の時で喜一郎は四十一歳、私は国民学校初等科の六年生だった。学校から帰ると待ちかねていたように範子が叫んだ。

「公威、父さんが戦争に行くっ！」

「えっ、いつ行くの？」

「今すぐだって」

「戦地に行くの？」

「召集令状には仙台の師団に入隊すべしと書いてある。公威、あのね、母さんまだみんなには話してなかったけど、来年の春また赤ちゃんが生まれるの」

「うーん、そうかぁ。大丈夫だよ母さん、兄ちゃんや睦子と手伝うから」

範子の白い顔がいつになく綺麗に見えた。その夜家族は、丸い折り畳み式の食卓を囲んで喜一郎の話を聞いた。

「そろそろ来る頃だと覚悟はしていた。七日後に出発するが、勤めを終えたら父さんは必ず帰る。来春生まれる子の名前は、男なら公平、女なら和子だ。兄弟喧嘩などせずに母さんの言うことをよく聞けよ。判ったな」

七日後の出発を知らされた途端、子供達はこくんと頷《うなず》いて黙ってしまった。

陸軍将校の帽子と軍服で身を包み、両の肩から日の丸の旗をたすきに掛けて、日頃から手入れを怠らなかった伝家の宝刀を、固い革で覆った軍刀に替えて腰に下げ、革長靴《かわちょうか》をはいた凛々《りり》しい姿の喜一郎が、見送りの人達に何度も敬礼する。「万歳」の絶叫が渦巻くなか白い手袋をはめて、福島駅ホームの階段をゆっくり登って行った喜一郎の後ろ姿を黙って見送った時、私はなぜか、「父さんとはもう会えなくなるのではないか?」と思った。そしてどうしても居て欲しい喜一郎との別離が、無性に悲しくなるのだった。

三学期に入って、私は福島中学へ進みたいと思うようになった。しかし、兄公基のこともあってなかなか言い出せないでいた。

「母さん、俺、福中へ進みたいんだけど」

ある日私は、頼まれた針仕事に余念のない範子の膝元にしゃがみ込んで、勇気を奮い起こすようにそう切り出した。

「兄ちゃんは家中みんなのことを考えて高等科へ進んだけど、間もなく福島師範学校を受けて育英資金で勉強し、将来先生になる希望なの。あんたも同じ道では駄目? もうすぐ生まれる子がいるし、母さんも助かるんだけど」

針の手を休め、範子はまっすぐ私の目を見てそう言った。

「そうか、兄ちゃんは師範を出て先生になるのか……分かった。俺もそうする」

あっさり折れたのは、それ以上はとても言えなかったからだ。

「公威ごめんね。それから兄ちゃんには話したけど、父さんからの手紙で、みんなの体が心配だから一の木の実家へ疎開しなさいって言うの。どう思う？」

「赤ん坊が生まれたら、福島は空襲もあるから一の木へ行った方がいいと思う。このままだとみんな栄養失調になっちゃう」

「そうだよねぇ。母さんも考えてみる」

針仕事よりも、食糧の買い出しで連日農家を歩き回る身重の範子に、かつての精彩はすでになくなっていた。

――家族が生きるだけで精一杯なのに、福中へ行きたいなんて土台無理な話なんだ。

頬がこけ苦悩の色を滲《にじ》ませる範子の表情を見ながら、私はそう思った。

産婆さんが、家の座敷で取り上げたのは男の子で幸い安産だった。喜一郎が言い残した通り公平と命名、父親の顔も知らずに生まれたこの末っ子を、みんなで特に可愛がった。

小学校に入ったばかりなのに、体が弱くて学校を休みがちだった三男の公哉が、心配した範子の実家の勧めに応じて、たった一人で小さなリュックを背に、会津坂下町に引き取られて行ったのはそれから間もなくだった。痩せた小さな体で目に涙を溜め、迎えに来た親戚の人と黙って家を出ようとする公哉を囲んで、範子も兄妹もすすり泣いていた。しかし家族が一人減ることは、残った家族がその一人分だけ楽になるのも確かだった。

どうにもならないわが家の今が、ただただ悲しかった。

父遂に帰らず

1

喜一郎の実家へ疎開したのは翌年の八月、私が高等科へ進んで初めての夏休みに入った時だった。兄の公基は高等科を卒業して福島師範学校の入試にも合格、すでに四月からは学寮生活に入っていた。家財道具の殆どを福島市内の借りた小屋に仕舞い込んで、田舎へ疎開したのは母と子の五人である。

県庁所在地の福島とは違って、農山村には空襲の心配だけは全くなかった。学校や山も川も人も、何となく温か味に溢れているようでほっとする思いがした。

喜一郎の実家は、池のある広い敷地内に、古い大きなカヤ葺《ぶ》き屋根の曲屋《まがりや》風母屋《おもや》一棟と作業小屋、農機具小屋が各一棟、それにしっくい塗りの土蔵一棟が、母屋の裏側の畠《はたけ》を挟んで横並びに建つ立派なものだった。

喜一郎の実家には、祖父清記（六四）、祖母ナミ（六三）、叔父武雄（三四）、叔母キミエ（三六）、長男武清（四つ）以上五人の家族が住んでいた。

祖母のナミは、田の草取り作業中に稲の葉で目を深く傷つけたことが原因で、四十代で両眼を失明した気の毒な人だった。水田一・二町歩を耕作する農家が、間もなく生まれた長女トヨ子と共に、六人で生活を維持するのは当時でも容易ではなかった。そこに突然長兄の家族五人が押しかけたのである。

——どこで寝ることになるんだろう。

兄妹は外に出て、範子と実家側の相談がまとまるのを待った。

「裏の小屋を借りたけど、流しや電気、便所もないそうよ」

「えっ、電気がない？　どうするの？」

「不自由はあっても耐えるしかないの。ランプはあるんだから」

範子と話をしながら借りた小屋へ向かった。叔父の武雄がここだと指定した小屋の一部とは、八畳間ほどの広さで正方形の板の間だった。そこに藁《わら》むしろを敷き、奥の隅に寝具を重ねて大きなふろしきを被《かぶ》せた。

小屋の軒下を古い板で斜めに囲んで流し場を造り、出入り口を挟んで、反対側の囲いには中に肥桶《こえおけ》を置いてむしろを下げただけの便所を造った。ランプは部屋の真ん中に針金で吊り下げた。殆《ほとん》どが借りもので、みんな大昔に戻ったような戸惑いをみせた。

「父さんが帰るまでの辛抱だから、何事も我慢よ。わがままは駄目」

範子のひとことで、子供達は食べるものさえあればどこでもいいと思うしかなかった。当座のコメや野菜・味噌などは、実家側が補給してくれて不安もなかった。

「公威、来てお茶でも飲めぇ」

四、五日経って武雄に呼ばれ、私は母屋の囲炉裏端《いろりばた》に行って腰をおろした。がらんとした大きな空間だが、囲炉裏にくべる薪の煙に永い間さらされて全てがすすけ、太い柱や戸棚まで家中が重厚な黒い輝きを放っている。

「小屋のくらすにも慣れだがあ。あんな所でくらすのは初めてなべが、家には手探《さぐ》りで歩く目の見えねぇばんちゃもいでがらに、何ともしょねぇので我慢すてくろ」

会津弁のなまりは『し』が『す』になり、『つ』と『き』が『ち』になる。同じような例や濁った発音・単語は、他にも数多くあるが、「話を聞いても意味が分からんだろう」と、以前喜一郎が言っていた程ではない。会津弁特有の言い回しや相手の表情などから私には大体理解できた。

「いいよ叔父さん。父さんが帰るか、兄ちゃんが先生になるまでの辛抱だもの。それより父さんがいないのに、みんなで押しかけて来てこっちの家も大変だと思う」

囲炉裏の横座で煙管《きせる》をくわえ、うまそうに配給の『きざみ』をふかしていた祖父の清記が、ぽんと灰をはたいてぷっと煙管に息を吹き入れると、目を細めながら口を開いた。

「公威はあんつぁまだなあ。分別すてみでも仕方ねぇが、ほんにこの戦は案ずごどだ。公威はやがで、何になるつもんじゃあ?」

「学校の先生になりたいと思ってる」

武雄は、人のいい笑顔を見せながら農家の苦労をこう語った。

「供出の割当て分を全部出すても、まだあんべぇどって、強権発動で家捜しまでしる。自家保有米もねぇあんべぇでがらに、この先なじょしたんながわがんねぇ。おらどごは手間もねぇので公威も手伝ってくろえ」

「うん、出来ることは何でもやる気で来ました」

「公威は、馬好きがぁ？　馬もいだがら乗ってみろま」

「うん、慣れたら乗ってみたいです」

「よがんべよがんべ、乗って走ってみろま」

夜になって家中で会津弁を真似た馬の話になった。すると驚いたことに、兄妹の誰もがここへ来てまだ間がないのに、会津弁を上手に使えるようになっていた。


喜一郎からの手紙で、父はすでにビルマ（現ミャンマー）へ派遣されていることが知らされた。戦局はいよいよ怪しい雲行きになっていたのである。

農業を手伝いながら、私が自分の進路で悩みを深めていたある日の夜、母がこんな話をした。

「叔父さんやおじんちゃと何度も話したんだけど、コメの供出割当てがきつく、家によこすコメはもうないんだって。増産するには公威に家の百姓を手伝ってもらうしかなく、卒業してからも手伝ってもらえるなら月に一斗のコメと味噌、野菜をやると言うの。公威には進学の約束もしてあって、今更そんなことは出来ないって母さん断わって来た」

「そうかぁ、でも、コメの配給は全然ないんだし、そうならみんな助かるなあ」

「母さん、給料の貰える所で働こうかと思うけどどうだろう？」

薄暗いランプに照らし出された子供達の小さな顔が、とてもみじめに見えた。

「働く所はあるの？」

「うん、心配してくれる人がいて、青年学校の裁縫の先生にならないかと言ってくれてるの。先生になれる人がいないんだって」

私は、いよいよ切羽詰まったわが家の現状なのに、このまま師範学校へ行ってもいいのかと自問自答を繰り返した。

――母さんが、裁縫の教師を世話してもらえるのは、実科女学校卒業の学歴と資格を持っているからで、もしそれがなかったら、自分が生きるだけで精一杯なこんな時代に、誰が他人のことなど心配するもんか。俺はやっぱり師範を出て教師になる道を変えては駄目なんだ。辛《つら》くてもそれしかない。

と、結論づけた。

敗戦の日の八月十五日はそれからすぐやって来た。本土決戦・一億玉砕の狂気はもろくもついえ去ったのである。

——もう会えないとばかり思っていた父さんが帰って来る。福島へ戻って県庁に復職したら、俺も師範を出て先生になれる。

私は反射的にそう思った。それだけで途方もなく明るい前途が、にわかに開けるような興奮を覚えた。

しかし三学期に入って、私が福島師範学校に合格、いよいよ入学の段階を迎えても、喜一郎からの連絡は一切なかった。

——父さんはどうしたんだろう。上の二人が上級学校へ行くなんて、それで残された家族が生きて行けるのかと、ねたみ半分の忠告をくれた人もいた。確かに俺が百姓を手伝って食糧を確保しながら、母さんの給料で自立する道を選ぶのが最善だろう。だけど問題は先の永い将来にある。父さんがひょっこり帰って来ないとも限らないのだから……。

結局私は、うしろ髪を引かれる思いを振り切るように師範学校に入学した。

範子はすでに、一の木青年学校の臨時教師に採用され、公平をおぶって毎日せっせと通勤していた。

だが、家に食べるものが何もないという深刻な現実は理屈ではなかった。育ち盛りの子供達を抱え、範子は夜毎母屋へ行って実家側との交渉を続ける一方、他の農家からも少しでも食糧を得ようとまさに必死だった。

手伝っていた私が進学したことや、天井知らずのヤミ値のこともあって、実家側が易々《やすやす》とコメをただでよこせる筈はなかったのである。月日が経つにつれ、夜毎両者は囲炉裏端に座り込んだまま無言で向き合うようになった。心の葛藤《かっとう》は何時間にも及び、範子はコメを手にするまではテコでもそこを動かなくなっていたのである。それは、喜一郎の実家対家を出た長男の嫁との、どうにもならない対立でもあった。

2

「父さんから手紙来た?」

小学六年生の睦子や一年生の公侍が、範子が帰るたびにそう尋ねる日が続いた。

「ときどき郵便配達の人に聞いてるけど音沙汰なしよ。終戦直前に便りがあったきりだもんねぇ」

「進の父ちゃんも和雄の父ちゃんも帰って来たずに、家の父さんだけ何すてんだべぇ。下手なんでねぇの」

公侍が不満をぶつけるようにそう言った。

「そうだねえ。父さんは愚痴固い人だから」

「愚痴固いって、馬鹿だってずうごど?」

「いやいや、真面目過ぎて人間が堅いという意味よ」

「……」

そんなある日、喜多方の熊倉町に住む、差出人長曽部《はそべ》修一名の範子宛封書が小屋の方に配達された。範子の帰りを待って、睦子がその封書を手渡した。

「長曽部修一？　父さんのお友達では……」

範子はそう言いながら封を切ると、立ったまま黙って手紙を読み始めた。

「ええっ」

低い声を発すると、範子はさっと顔色を変えた。目は力を失ってうつろに空をさまよい手紙を持つ手が震えていた。

「どうしたの、母さん」

驚いた睦子が、手紙をのぞき込むように聞いた。

「睦子、父さんが、父さんがビルマで拳銃自決した」

「えっ！」

母が子に、初めて涙を見せた。

「手紙は誰から？」

「父さんと一緒だった熊倉の人。復員したばかりで、近く伺うって……」

「どうする、母さん」

手紙を片手に、今にも倒れそうな範子の腕をしっかり摑《つか》んで、支えるように身を寄せた睦子も泣き出しそうな顔だった。

「おじんちゃ達に知らせて来る」

母屋の囲炉裏端から、わが子わが兄が自決したことを突然知らされた清記と武雄の、驚き嘆く異様な声が聞こえた。そして崩れ落ちるようなかん高い範子の嗚咽《おえつ》が交錯した。

わが家と南方戦線の喜一郎を結んで、張り詰めていた細い糸は、敗戦後一年を経過して無情にも切断されたのだった。


範子からの電話を、学寮の舎監室に呼び出されて受けた公基が、ショックを隠しきれない表情で私の部屋に飛んで来た。

「公威、至急話がある。ちょっと」

部屋を出ると、公基は何も言わずに廊下を先に立って歩き始めた。

「兄貴、何かあったの？」

「階段教室へ行ってから話す」

「……」

私は、いつもとは違う兄の雰囲気に、ただごとではないと思いながらも、黙って階段教室まで付いて行った。ドアに近い階段に並んで腰をおろした。

「公威、あのなあ、今、母さんから電話があって、父さんは昨年十月二日、ビルマで拳銃自決したそうだ」

「えっ！　公報でも入ったの？」

「いや、現地で当番兵だった熊倉の人が復員して来て、その人からの手紙で判ったらしい」

「なんとしたことを……」

「これでわが家のこれからは大きく変わる。俺とお前がしっかりしないと、母さんや小さい子が生きる目当てを失う」

「……だけど親父は一体、なぜ自決なんかしなければならなかったの？　敗戦の責めを将校だから自分で負ったというわけ？」

「詳しいことは判らんが、父さんのことだから、やむを得ない事情があったんだろう」

「そんなこと言ったって、残された家族はどうなるの。兄貴はどうするつもり?」

「うん、その長曽部さんが、今週の日曜日に一の木の家に来られるそうで、母さんはその時に話を一緒に聞いてほしいから帰省しなさいと言うんだ。それから考えたいと思う」

「帰省するのは当然だ。だけどこのまま兄貴と俺は、師範に残ってやって行けるの?」

「俺もそれを考えていた。最悪の場合はどちらかが、あるいは二人共、退学して働くしか道はないのかも知れない。二人の学費と食費だって、育英資金だけでは間に合わず、父さんが残してくれた蔵書や家財道具を売って、ここまでは何とか繋《つな》いで来た。だがもう限界だ」

「……」

私は、進学の際の自問自答がにわかに現実になったことで、前途絶望の思いがした。

日曜日の朝早く、二人は福島を発って暗い気持ちで帰省した。

家族全員が母屋に集まり、本家の家族と共に長曽部修一氏の来訪を待った。誰もがしんみり沈んでいて会話らしい会話もなかった。

「長曽部修一と申します。この度陸軍少尉佐藤喜一郎小隊長殿の最期を、ご家族の皆様にご報告申し上げたくお邪魔に上がりました」

軍隊調でそう挨拶する体格のいい長曽部の表情が、緊張のせいか極度にこわばっていて顔色も青白い。

「わざわざ大変ですた。喜一郎の弟で武雄と言いまし。あぐらをかいてどうぞ楽にすてくなんしょ」

叔父の勧めを断わるように、長曽部は正座したまま話を続けた。

「小隊長殿は、敗戦後の十月二日早朝、一人で兵舎を出ようとされました。私が気付いてお供しますと申し上げたのですが、兵舎を回ってくるだけだ、一人でいいと言われて出て行かれました。それから少し経った時、銃声が一発聞こえました。私ははっとしてすぐ音のした方へ飛び出しました。すると小隊長殿が祖国日本の方角に向かって正座をされ……誠に申し訳ありません……」

長曽部の声が言葉ではなくなっていた。

「何が原因だったのでしょう」

範子は突き放すように、冷たくそう問い質《ただ》した。

「はっ、実は小隊長殿以下われわれは、武装解除の武器を集積してそこを警備しておりました。連合軍に引き渡す寸前になって、現地の盗賊に武器が大量に盗まれる事件があり、その責任を痛感されたものと思われます」

「理由はそれだけですか?」

「はっ、それ以外に心当たりは全くありません。武器の引き渡しはその後何事もなく行われましたが、返すがえすも小隊長殿の自決は痛ましく……慚愧《ざんき》に堪えません」

「……」

範子は放心したように、パチパチ音を立てて燃えさかる囲炉裏火の一点を見つめたままだった。

「これは私が畑岡中隊長殿から、ご遺族に渡してほしいとのご依頼を受け、お預かりして来た大事な書簡です。確かにお渡しします」

長曽部が胸の内ポケットから取り出した封書を、それでも範子は拝むように両手で受け取った。

「いやあ、あなだも戦地で苦労され、さぞかす大変だったべなし。喜一郎が面倒をじっとみで戴いで、ほんに有り難うございますた」

首をうなだれ目に手拭いを当てながら、じっと長曽部の話を聞いていた清記が、父親としての悲しみをこらえながらようやくそう言って深く礼をした。

「父がお世話になりました。遠路わざわざ今日は有り難うございました。残された母と兄妹六人で、頑張って生きて参りたいと思います。どうかご安心下さい」

公基が長男としての立場をわきまえ、みんなに宣言するような口調でそう言うと、むしろの上に両手をついて頭を下げた。

私は、居たたまれない気持ちで席をはずした。藁草履《わらぞうり》をつっかけると、家の裏側の田《たん》圃《ぼ》の坂道を駆け抜けて、河原へ向かう小道を夢中で走った。はあはあ息をはずませながら大石の上に仰向けになり、腕を組んで空を見上げた。

——こんなことになって俺は一体どうすればいいんだ。父さんはなぜ長曽部さんと一緒に帰っては来なかったんだよ。本人は責任を取ったつもりでも、おとがめなしに終わったんなら父さんの死は犬死同然じゃあないか。戦争が終わったのに隊長が何だと言うのさ、父さんはなぜ帰りを待っている家族を忘れたんだよ。畜生っ、戦争なんか大嫌いだ！

今にも降り出しそうな秋の雨雲と、重なり合って澄んだ息吹に燃える紅葉の山々を見上げながら、私は溢れる涙に全身を震わせた。

衝撃への疑惑

長曽部修一から受け取った封書には、陸軍大尉畑岡軍二中隊長名の『死亡状況概要書』が入っていた。陸軍の軍用箋一枚に綺麗な楷書体の文字が並んだ直筆のもので、末尾に丸い大きな畑岡の私印が押してあった。

冒頭に本籍・現住所・所属部隊・階級・氏名の記載があり、階級は陸軍中尉になっていてこう記されていた。

昭和十八年十二月当隊補充要員トシテ緬甸国《ビルマ》「ダンビュザヤ」ニ到着　爾後《ジゴ》小隊長トシテ警備ニ又ハ教育訓練等ニ従事ス　或ハ泰緬《タイメン》鉄道沿線ニ於テ兵站《ヘイタン》支部長トシテ繁劇《ハンゲキ》ナル兵站業務ニ当リ　寧日《ネイジツ》ナキ奮闘克ク其ノ実ヲ挙《ヨ ソ ア》ケ以テ偉大ナル足跡ヲ印《シル》

セリ　降《クダ》ッテ昭和二十年七月　部隊ト共ニ泰国ニ転進スルヤ「ノンブラドック」ニ在リテ再ビ警備勤務ニ服ス　九月二十二日ヨリ「バンポン」兵器支廠内兵器集積所衛兵トシテ服務中　自己担当区域内ニアル「シャム」軍ニ依《ヨ》ッテ直接警戒ヲ実施シアル倉庫ニ格納シアル銃器ノ盗難事件発生シ痛ク其ノ責任ヲ感ジアリタルモノノ如《ゴト》ク　十月二日四時三十分各分廠《ショウ》ヲ巡察中自己携行ノ拳銃ヲ以テ自決セリ　噫々《アア》惜シミテモ余リアリ　今ニ至リ追慕スルニ人格高邁《コウマイ》温厚篤実《トクジツ》ノ裡《ウチ》ニ烈々タル気概ヲ蔵《ゾウ》シ責任観念極メテ旺盛《オウセイ》常ニ率先シテ範ヲ垂ル　上司ニ対シテハ誠実鋭意隊長ヲ補佐シ中隊幹部ノ精髄タリ　部下ニ臨ンデハ慈父《ジフ》ノ如ク挙ゲテ欽慕《キンボ》オカサル処《トコロ》ナリ　今ヤ幽明境《ユウメイサカイ》ヲ異ニシ共ニ語ルヲ得サルモ　其ノ精神ハ脈々トシテ部隊ニ渉《ワタ》リ在リ　故《コ》人《ジン》以テ意トスルトコロナラン

昭和二十年十月三日

第四十二兵站警備隊第二中隊長陸軍大尉　畑　岡　軍　二

――日付からすると、この書簡は父が亡くなった日から翌日にかけてしたためられたものだ。もとより畑岡中隊長と面識はない。だがこの文面からは、生死を共にした軍人同士の真情が切々と伝わって来る。

何度も読み返しながら、長曽部の話と重ね合わせて喜一郎の自決を考え続けた私は、しかし変だ、と疑問を抱き始めた。そして気持ちは複雑に揺れた。

――もしこの通りなら、現地で茶毘《だび》に付された筈の父の遺骨は、当然長曽部さんと一緒に帰還して、遺族に手渡されるのが自然ではないか。覚悟の自決をした父が、家族に遺言《ゆいごん》も残さなかったのはなぜか。そんな余裕がない程思い詰めていたのなら、側にいて父を知り尽くしていたであろう長曽部さんが、父の遺品も持ち帰らなかったのはなぜか。父の自決には別な理由と真相が隠されていることになる。どう考えてもおかしい……。

意を決した私は、その後熊倉の長曽部宅を何度か訪ね率直に疑念を問い質した。

長曽部宅の仏壇には、先祖代々の位牌と共に、名刺判白黒の喜一郎の遺影も供えてあって、「毎朝手を合わせている」と長曽部は言った。しかし話が肝心なところに及ぶと、長曽部はいつもただ泣いてしまうばかりで疑問は一向に解けなかった。

——父さんは兵に殺されたのではあるまいか？

確かめるすべもないままに、疑念はさらに尾を引いた。

戦死の公報が『死亡告知書』として範子宛に郵送されて来たのはそれから間もなくで、昭和二十一（一九四六）年十月十五日、喜一郎が亡くなってから一年以上も経った日付になっていた。末尾に福島地方世話部長簗瀬真琴という縦長の大きなゴム印が押してあり、その下にさらに大きな角判の官印が鮮明だった。

公報はあらかじめ作られた印刷物らしく、空欄をペン書きの文字で埋める形式になっている。藁半紙四分の一大の粗末な紙に、亡くなった日時と場所の記載があり、そのあとに『戦闘に於いて戦死せられ候』と印刷され、この行の『戦死』の二文字だけが、書き入れた青いインクのペン字だった。

——自決なので、法的には遺族扶助料は支給されないと言っておきながら、正式な公報では戦闘による戦死を告げるなんて一体どういうことなんだ。戦死なら当然同じ扱いでいいじゃないか。何が真実なのかがこれではますます判らなくなる。母さんが可哀想すぎるし遺族はどう生きろと言うのだろう。

戦死の公報は、とうてい遺族を納得させるものではなかった。範子はやり場のない憤りとその情けなさに、ただ黙って涙ぐむ日々を過ごした。


喜一郎の遺骨が、当時の相川村外三ケ村組合役場から、迎えに行った範子と公基の手に渡されたのは、それから暫く経ってからだった。白い木綿の布に包まれた、二十センチ角くらいの白木の箱を母家の仏壇に供え、読経《どきょう》が済んで人々が引けたあと、夜になってから遺族が見守るなか開函《かいかん》された。

中には五センチ四方程の小さな白い木綿地の袋が入っていて、袋の布地に父の階級と氏名、亡くなった日時と場所が、黒い墨の達筆な筆字で丁寧に書き込まれてあった。糸を抜いて藁半紙の上に逆さにすると、中からは小匙《さじ》二杯分ほどの白い粒がさらさらとこぼれ落ちた。家族の間からは溜め息がもれた。

「ただの白砂じゃないか」

「どう見ても、人の骨ではない」

「変だなあ……これは砂だ」

口々にそんな会話が交わされたが、それ以上のことは誰も言おうとはしなかった。私は、抱き続けて来た喜一郎の死をめぐる数々の疑問を、みんなの前でひとつひとつ説明しようとした。だが一瞬、言っても無駄なことだと遮《さえぎ》る気持ちが立ちはだかって、その場は黙って耐えた。

——もしかすると、父はあの地に残って、現地の人と家庭を持ったのではあるまいか。まさかである。しかし親族として、遺骨もない父の死をどうして信じられよう。父の自決は戦争が終わってからのこと、ビルマでも遺体の処理はきちんと出来た筈だ。それなのに遺骨は一片も帰らなかった。真実を知るのは長曽部さんただ一人だ。だが彼は、たとえ真実が別にあったとしても決して語ろうとはしないだろう。戦争とはこういうものか。

茫漠《ぼうばく》とした疑惑の念は、歳月の経過とともに、いつしかことを蒸し返すまいと観念する気持ちに傾いていった。

長兄の公基夫婦が、家族を代表する形で父の慰霊と「もしかすると……」という最後の望みをかけて、ミャンマーへ飛んだのは、定年退職直後の平成二(一九九〇)年夏だった。

†

手持ちの数少ない写真や情報を頼りに三日間現地を奔走したが、四十五年も経ってかつてのビルマはすっかり変わり果て、喜一郎に結び付く手掛かりは全く得られなかった。特に喜一郎最後の勤務地・タイのノンブラドックへは行くことさえ出来ずに帰った。現地の説明では、国境付近は戦後住む人もない荒れ放題の原野と化し、危険だから行くなと制止されたという。

万事休すであった。

平成六年(一九九四)夏、喜一郎の五十回忌法要が、範子の十三回忌法要と併せて福島市森合の正眼寺で執り行われた。施主公基の案内で集まった近親者と共に、旧ビルマで喜一郎と一緒だった長曽部修一氏も招かれて出席した。

法要のあと温泉旅館で一夜を共にした際、終始涙なしで淡々と隊長の思い出を語った老兵長曽部の朴訥《ぼくとつ》なひと言ひと言は、聞く者誰の胸にも、喜一郎は武装解除の武器引き渡しに際し、大量盗難紛失の責任を連合軍側から追及されるであろう事態に心を砕き、兵を守る隊長の立場で自らの命を断った……。やはり、これが真実なのだと思わせるものであった。半世紀にも及ぶ過ぎ去った歳月の重みも加わって、一方ではそう割り切る以外にはない諦めを生んだのであろう。

二章

試練

苛酷な初体験

戦中戦後の食糧難は極めて深刻だった。

コメの配給は殆どなく、代わりにジャガイモやサツマイモ、進駐軍放出のトウモロコシ粉、大豆油の絞り粕などが代替主食として配給された。食べられる野草や山菜はもとより、サツマイモのつる、干したカボチャの種まで、飢えをしのげるものなら何でも口にした。肉も魚も乳製品も勿論なかった。慢性的な栄養失調の苦しみは想像を遥かに越える。

明日の日本がどうなるのかは庶民に判ろう筈もなく、飢餓は頽廃《たいはい》を生んで殺伐とした世相は荒廃の極に達していた。

予科二年に進級して間もなく、私は兄とも相談に相談を重ねた末、学校長に退学届を提出して一の木の実家に戻った。農業を手伝うことで食糧を得る以外に、家族が生き延びる術《すべ》はなかったからであった。

遺族に対する国からの一切が支給されない中、苦労を重ねながら卒業を目指す兄や、それぞれに進路を決めなければならない大事な時期を迎えつつあった妹や弟達のことも併せ考えると、私の退学はやむを得ないぎりぎりの選択だった。しかし断腸の思いで挫折を味わう私を待ち受けていたのは、思いもよらない苛酷《かこく》な現実の厳しい試練だったのである。

その頃の農業は全てが人と牛馬に支えられていた。

自家製の丈夫な木綿糸で織った、紺の縞《しま》模様上下の仕事着にわらじを履いて、藁を編んで作った蓑《みの》を頭からかぶり、荷縄《になわ》を蓑の上から肩に掛ける――これが常に重いものを背負って働く当時の農民スタイルだった。叔母のキミエが用意してくれた真新しい仕事着に初めて手を通した時、私はこんな姿で農業に立ち向かう自分が何ともいとおしく思えた。

――俺もいよいよ今日からは百姓だ。誰もが羨《うらや》む食糧を生産する百姓様々なんだ。何ごとによらずしっかりやろう。

自らを励ますように、私は強いてそう思いたかった。

農家の一日は早朝の朝仕事に始まる。馬に与える草を、四十キログラム以上も刈り取って何束かに固くしばり、まるで草の塊《かたまり》が歩くように背中に山盛りを背負って帰る。草なら何でもいいのではない。馬が好むつる科のクズッ葉やヨシ、カヤなどが主にならないといい草とは言えない。ヤブカ、ブヨ、アブ、メジロの襲撃はすさまじく、体の露出部分は、刺されてたちまちボコボコになった。

朝食前の二時間程で、相当量の草を刈れなければ集落では一人前とは見てくれない。害虫や人目はともかく、馬には参った。

馬は実に正直で、馬屋に放り込む草の量が足りなければ、三十分も経たないうちに「ふふん、ふふふんっ！」と鼻を鳴らして怒り出すのである。そして片方の前脚で馬屋の床を激しく蹴《け》って、もっと草を入れろ！と催促するのだ。百姓一年生の私にとって、馬は途方もなく怖い動物であった。

叔母のキミエは、村一番の働き者と言われた人だった。

田うないや田植え、田の草刈り、稲刈りなどを並んで一緒にやってみると、確かに脱帽するほかはなかった。

田うないの場合、普通の人はひと鍬《くわ》でひと株ずつを起こしながら前へ進む。キミエのそれは、ひと鍬で二株か三株を一気に起こしてどんどん前へ進むのだ。鍬を持ってはまるで二刀流のように、右から左、左から右へ休みなく鍬を往復させて、見る見る先へ行って戻って来てはまた一緒に並ぶといった具合なのだ。他の農作業についても全く同様だった。

化成肥料は硫安や石灰窒素くらいしかない時代で、田をうなっていくうちに、昨日あたり武雄が撒《ま》いたばかりの下肥が、そのまま散らばっていてぞっとするのだが、それを平気な顔で形がなくなるまで田の土と丁寧にこね混ぜながら、田に這いつくばってただ前へ進む。勿論素足で入る田圃だが、どっぷり腰まで浸る深い「ひどろ田」の場合など、田の中で直立した姿勢での仕事になるので腰は痛くならずに済むのだが、一歩一歩足を前へ運ぶ度毎に『ぶくぶく、ぶくぶく』、田の底から胸のあたりにガスが湧いて出て、腐った屁のような強烈な悪臭に、終始窒息させられそうになる。そしていつの間にか、太ももあたりにヒルが吸い付き、痒《かゆ》くてどうしようもないのに、その田を全部うない終わるまでは、じっと我慢の子で仕事を続けなければならなかったのも、震えがくる程気持ちの悪いものだった。

「叔母さん、おらあ、ヒルだけはとでも駄目だ。ヒルの野郎、真ん丸になるまで俺の血吸いやがって、もぎ取る時も気持つ悪くてとでもやんだぁ。ひどろ田さは入りだぐねぇ」

「なに語《かた》んだ。そだごど気にすてだら百姓はでぎねぇ。慣れればヒルもくっつがなぐなんだぁ」

「おらあ、ばっこ（人糞）も苦手だあ」

「ばっこやんだなんて語んだら、わがもたんにぇでいるすかあんめぇ」

労働の現場では、仕事の出来る実力をもつ者が常に強い。受け答えも単純明快でぐさっとくる。百姓の実務を達観するキミエの言葉にはそれがあってさすがだった。

——お説はごもっともだ。すかす俺はこの家を継ぐ身ではねぇ。ますてや将来農業で身を立でるごども不可能だ。今は仕方ねぇが叔母さんにはその視野でものを見、考える余裕もねぇのだろう。

私は、ただただ沈黙するほかはなかった。

天候勝負の秋上げ作業も厳しかった。

当時の天気予報は全く当てにはならなかった。そのため天気が崩れそうだとなると、陽当たりのいい「はせ湯」から乾燥した稲を外して束にまとめ、それを何束も背中一杯ずっしり背負って、家の小屋まで日に何十回となく膝をがくがくさせながら急いで山道を往復する。雨を前に馬も子供も一家総動員での稲入れ作業はさながら戦争だ。小屋の天井までぎっしり積み込まれた稲束は、次に備えて小屋を空けておく必要があるので、深夜になろうとその日のうちに足踏みの脱穀機にかけ、モミを全部落とし終わらなければ「ご苦労さん」にはならない。

一日の作業も終わり頃になると、汗まみれの顔や頭がほこりを溜めて、粉でも吹きかけたような形相になり、仕事着に無数に食い込んだ稲ののげは、動けば動く程全身の肌をもろにチクチク刺す。へとへとに疲れ果て、風呂の順番待ちをしているうちにそのまま寝てしまったことが幾度あったか。

　私は苦悩を深めながらも、日々耐えて重労働と戦った。

「公威、喘息は起きない？　見てると母さんもせつなくて……」

「不思議に発作は起ぎねぇげど、俺はなぜみんなど同じように、力仕事を平気でこなせねぇのがなあ。もう耐えらんにぇなんても言いだくねぇ」

「母さんは公威の体が心配で……人になんと言われようとあんたはあくまでも手伝い。自分の力の範囲内でやんなさいよ」

「うん。だけど母さん。食糧を生産しるごどは並大抵ではねぇ。それだけは身にすみで分がった。月に一斗のコメを、いまどち黙ってよごしてくれる叔父さんも実は大変なんだ」

「ヤミで売ったら、たちまち大金が入ることぐらい母さんだって分かるわ。でも公威、父さんはこの家の長男で、何ひとつ財産も分けてはもらわず、家督は全て弟の叔父さんに譲ったのよ。こんなことになって困った時ぐらい、月に一斗のコメがなんだって言うの。あんたが手伝っているんだし当然よ」

「母さんの気持つは気持つとすて分がるが、父さんはもう死んじまってこの世さはいねぇぐなったんだ。父さんあってのわれわれではながったのがなあ」

「つまり、父さんが死んだら他人も同然、家との関係も一切ないって言うこと？」

「いや、誰もそだごどは言ってねぇ。実家の誰がが仮にもすそう思ったどすても、それは間違いだどは言いちれねぇど思うのさ。こんな時代でがらに、コメをいぐらでも高ぐ買う人がいる以上、家のコメを少すでもヤミで売って、暮らすを楽にすてぇど思うのは当然だべぇ。タダでくれでやるコメなど一粒もねぇど考えるのも仕方がねぇごどだべよ」

「なに言うの公威。母さんは父さんが応召してから、たとえどんなことがあっても六人の子供達だけは育て上げようと、覚悟を決めて頑張って来た。それなのに国は、自決だから遺族扶助料は払えないと言う。戦争を始めたのは父さんでも母さんでもないのよ。国の考え方は大間違いでしょうよ。疎開してここへ来たのも父さんがそう言ったからでしょう。家族が栄養失調で死んじゃう前に、せめて農業をやってる父さんの実家に身を寄せ援助を求めてどこが悪いの？　あんた達はみんな父さんの子よ。母さんはたとえどうなろうとあんた達には将来がある。そんなお人好しでは世の中生きて行けなくなるの。父さんは周りの人ばかりを思いやって、結局は自滅したじゃない。死ぬほど思い詰めるなら、かけがえのない家族七人のことを第一に考えるのが父親として当然でしょう？　戦争に負けてからまで何が責任よ。お人好しの馬鹿さ加減にも程があるわ。判る？　公威！　あんたの働きが、月にたったのコメ一斗分しかないとでも思ってるの？　相手のことより自分自身と家族の立場をもっと大事に考えてよ。公威にまでそんなお人好しになられたんでは、母さん何のために苦労して来たのか本当に情けなくなっちゃう」

範子が、怒りをあらわにしたのは初めてだった。それは六人もの子供を残して自決した夫・喜一郎への、日毎につのる憤りと、私に苛酷を強いるその夫の実家への、抑えようもない激しい感情だった。

「母さん、小さい兄ちゃんと喧嘩して怒ってはダメ、どうしたの？」

二人の会話を黙って聞いていた睦子と公待が、おびえながらそう言った。

「母さん、喧嘩してるわけではないの。小さい兄ちゃんが来る日も来る日も汗まみれになって働いているのを見ると、無性に腹が立つのよ。あんた達も判るでしょう？」

睦子と公待は黙って頷いた。

「今がいちばん苦しい時なの。この山を越えればきっといいことがある……」

そっと目頭に手をやる範子を横目で見ながら、私は悲しくなって小屋を出た。

――母さんがなぜ腹を立てで怒るのが、その気持つはよぐ分がるげど、板挟みの俺だって泣ぎだいよ。確かにわが家は今、目前の苦すい峠を乗り越えようとすている。すかす、俺が自分で越えねばなんねぇ山は本当はどだ山なんだべぇ。

蔵の裏の桐の大木に寄りかかった私は暗澹《あんたん》たる思いだった。

――俺は自分の人生でいつばん大事な時期を、棒に振る日々を過ごすてんではあんめぇが。母さんが決すて百姓手伝いすねぇのも、方言を使わねぇのも、せずねぇがらどって親父の実家に妥協すてまで自分を変えだぐはねぇがらだ。その芯の強さは凄いど思う。そうでなげれば今まで、六人もの子供を曲がりなりにも守っては来れねぇがったべ。ただ俺は今、なじょに考えでも身勝手な短気は起ごせねぇ立場にある。

思案に行き詰まって、私は幾重にも連なる山並みに目をやった。

万年雪に覆われた飯豊の稜線が、透明な晴天に純白の輝きを放って、連山との見事な調和を見せている。圧倒的な山の迫力に明日を見る思いがして、いつの間にか私は「くよくよすねぇごどだ」と、呟《つぶや》いていた。

ふるさと賛歌

1

喜一郎の実家がある集落は「高野原」と言って静かなたたずまいを見せる。

坂道の県道をはさんで十八戸が軒を連ね、田畑の所有面積からしても比較的裕福な集落だ。一の木村では一番奥の方に位置する山あいで、「かしぇぐどごろ（働く集落）」としても名が通っていた。

ここで行き止まりになる県道に沿って、道の両側には石垣作りの堰が掘られ、一の戸川の上流から導水した無垢《むく》な水が、常に柔らかい音のリズムを奏でながら絶えることなく流れていた。そしてこの堰の水は、杉の丸太をV字に彫った「とい」を通して家々の生活飲料水に引かれ、どの家の流しにも杉の板で作られた大きな水槽が置いてあった。

集落の眼下を流れる一の戸川は、その奥に腰を据える標高二、一〇五メートルの霊峰飯《い》豊《で》山《さん》を源にする。飯豊山は火山とは違って古生層の地塊《ちかい》山地、つまり地層が隆起して出来た貴重な山である。

一の木村の川入登山口から、深いブナ林に囲まれた急峻な山肌を登ると、嘘のように尾根が開け、しばらく歩くとまた険しい登りになる。ほどよい地点に設置された山小屋で休憩をとりながら一歩一歩登って行く。これを何度か繰り返すうちに、見事な高山植物の群生や万年雪が眼前に飛び込んでくる。思わず歓声を発して、以後とりこになるほど奥の深い懐《ふところ》を秘めた素晴らしい山である。

万年雪の伏流水がどこまでも澄んで、絶えることなく岩を噛《か》む一の戸川の清流もなるほどと頷ける。

一の戸川の水は身を切るように冷たい。ほんの二、三分間川に入っているだけで足がしびれるように痛くなり、皮膚の感覚がなくなる。あわてて付近の川面から顔をのぞかせる大きな石に飛び上がり、両手で足をさすりながら、温まるのを待ってまたヤスと箱めがねでイワナやヤマメ、カジカを追った。

集落の子供達は誰もがこの川に遊び、この山で育った。

一面深い雪に埋もれる冬は、どの農家も骨休めの期間で、主にわらじや蓑《みの》などを作る藁仕事をはじめ、木綿のはた織り、カヤ葺き屋根の雪下ろしなどに精を出す。

高野原集落には、炬燵《こたつ》のやぐらを製作する古くからの技能を受け継ぎ、六個から八個仕上がる度に、二十キロメートルもある喜多方まで背負って行って問屋に卸す農家もあった。

「トントン、コトトン、サッササッサ」。リズミカルな木槌《きづち》やかんなの音を響かせながら集落のほぼ中央、県道に面する小さな作業小屋では、朝から晩まで木肌の白い、ホウの木を使った頑丈なやぐらが組み立てられた。

雪国の長い冬休みともなると、藁の長靴を履いた近所の子供達が、積雪の壁に挟まれた細い雪のでこぼこ道を通ってこの小屋に集まって来る。遊び場でもないのに、木屑や薪をどんどん囲炉裏にくべながら、持って来たイモや餅を勝手に焼いて食べたりした。やぐら作りでは名人芸に達する家主の佐藤保は、「仕事の邪魔だ」と言うのでもなく、訪ねる子供達をいつもおおらかに歓迎した。

時には年長のガキ大将が捕ってくる野ウサギの骨を、ナタで叩いて団子に丸め、野菜を入れた味噌仕立てのウサギ鍋を作って大はしゃぎだった。赤々と燃える囲炉裏火のぬくもりと、いい匂いのする薪の煙が小屋全体に広がって、のどかな時はゆっくり流れた。

大きなかまくらを思わせる集落の真冬、四季を通じてそこに在った温かい人々の絆、自然に育まれた健全な童心は、時が経ち全てが変われば変わる程、忘れ難い追憶とより強い郷愁を今に呼ぶ。

「公威、手伝ってくろえ」

しんしんと雪の降り続くある日、母屋の炉端で、郵送のため一日遅れになる新聞を読んでいたら、祖母が石挽《ひ》き臼《うす》でそばを挽くと言う。私はナミの手を引いて、石臼のある部屋へ行った。

「公威もそごさでっつがれ（そこに座れ）。百姓仕事はしどがんべぇ？」

「だいぶ慣れだげど、とでも叔母さんみでぇな訳にはいがねぇ」

「それはしょあっつかせ。すかす公威はよぐやるどって、じんちゃもたまげでだ」

ナミは手探りで上手にそばを挽き始めた。私も石臼の棒を握って、ナミに合わせるように力を入れる。

「おばんちゃ、俺、いずが聞いでみんべど思っでいだごどあんなげんじょ、高野原がら父さんを京都の学校さ出しには、おばんちゃどおじんちゃ、たいな苦労すらったなべすた」

「ああ、のべずまぐなす稼ぐすかねがった」

「そうなべなあ、何をやらったの？」

「百姓仕事のほか冬は炭焼ぎ、夏場の暇をみではこば割り（スギ材を薄く縦に割った屋根葺き用材作り）をやっだ。きっとすている隙《すき》はつっともねがった」

「うーん、おじんちゃもおばんちゃも、大変だったんだ」

「そうだども。じんちゃは、この家さ来らった婿《むこ》様でがらに、人に馬鹿にされではなんねぇどって、ひぇんけんで稼いだなべ。冬になっつど、じんちゃもおれもあかぎれやすもやげがしどくて、和紙の膏薬《こうやく》貼っだ上がら、よぐ焼ぎ火箸当てでがらに薬を滲みごましぇでいであった。喜一郎は、こめらの時がら何でもよぐ出来でがらに、行げるどごろまで出すてやんべぇど、じんちゃが語ったのえ」

「そうだったの。おじんちゃはたいすたもんだ。今でも新聞の隅がら隅まで読んで、何でも知ってるもなあ。びっくりすっつまう」

「じんちゃは若ぇ頃、喜多方の塾さ行って勉強すらったす、集落がら推されで、よねさぶあんつぁど何年も村会議員やらったずに、もの知りなだべも。選挙にはなんねぇがったが……」

「へえ、おじんちゃは村会議員もやらったのがよう？　坂下の伯父さんはどうすて坂下さ出でいがったの？」

「おらしゃで（弟）は、二本松の学校出でがらに、一年ほど小学校の先生やってこの村の役場さ入った。すたいば坂下の郡役所がら、こっつさはっこうどってひっぱらっちぇ行ったのえ」

「伯父さんも偉いんだなあ」

「偉いっつうあっかま。喜一郎ごど坂下さ誘ってせで行ってがらに、範子ど一緒にさしぇで、なんともしょねぇずねぇんだ（しょうがないったらないもんだ）」

「親どすては、父さんごどこの家さおいで、後を継がしぇだがったの?」

「あの頃はそう思っていであった。すかす喜一郎はあんじぇ良がったなべも。県庁の偉い立場さも就いだす、福島さいだ時はおれの目見えるようにすてやるどって、付属病院眼科の清水博士さ診《み》しぇでくれだりもすた。手遅れでがらに諦めるすかねがったが、福島では喜一郎も範子もやさすぐすてくれでなあ。戦争さ行って自分で死んじまぁずあかま」

ナミは、勘《かん》を頼りに挽いたそば粉を何回もふるいにかけ、間違いなく粉と殻を木鉢にふり分けた。

——父さんが、家督を全て叔父さんに譲ったのは、学校を出すてもらって親兄弟に散々苦労をかけだどいう、恩義を感ずでいだがらだ。母さんがどう思おうど、父さんは財産分与以上のものだど思っていだ筈だ。それを言わじに、われわれを黙って面倒みでいる実家の人達ごそ、本当はいつばん辛いんだ。

手探りで、無心に作業を続けるナミの皺《しわ》くちゃな顔と手を見ながら、私は(おじんちゃどおばんちゃは、とんでもねぇぐ有り難い人なんだ)と思った。

2

春になると、河原の「馬づくり場」では馬の種付けが行われた。子馬の生産は当時の農家の大事な副収入源でもあった。馬喰《ばくろう》が来る日には殆どの農家が、飼育する牝馬《ひんば》を連れて続々と河原の馬づくり場に集まって来る。

太い丸太で組んだ長方形の柵《さく》に牝馬を入れて手綱を縛り、馬喰が自慢気に連れて来るひときわ大きな種馬を、柵の牝馬めがけて後ろから一気にのしかからせる。種馬は「ひひふんっ、ひーん」と興奮して後ろの二本脚で立ち上がり、滴《しずく》のしたたる巨大な性器をぶるんぶるんさせながら、牝馬のたてがみあたりをよだれを流して噛んだりする。

馬喰が長さ一メートル、直径一〇センチはあろうかと思われる勃起《ぼっき》した種馬のそれを両手で摑み、牝馬の尾の下股間あたりに当てがうと、忽《たちま》ち飲み込まれるように入ってしまう。黒光りのする二つの睾丸《こうがん》が実に逞《たくま》しい。

種馬が後ろ脚の筋肉を痙攣《けいれん》させながら大きな尻を前後動させると、牝馬は目を細めながらこれに応ずる微妙な動きを見せた。ことは一、二分で終わるのだが、発情期の豪快な馬の交尾を見守る村人達の顔が、一様に上気してまるでどじょう掬《すく》いの田吾作のように見えるから面白い。

そしてまたこの様子に目を奪われているうちに、いつしか今度はたまらなくなって、その場にしゃがみ込んでしまう村の若い娘達の表情が何とも魅力的で、さすがに初めて見物した私もこれには参ってしまった。

「康子姉、あだ短い時間でいいのがなあ」

しゃがみ込んでしまった康子の側に行って、私は小さな声でいたずらっぽくそう尋ねた。

「やんだおら、公威はそだらごど聞くず。馬だものあんじぇいいなべも……」

「康子姉は、なんつぅが、てろんとすた顔すて発情すてるみでぇだ」

「こらっ！　この公威、はっつげでくれんぞっ（叩くわよっ）」

目上の人には「あんつぁ」か「あね」を付けた呼び方をする。

おそらく恥じらいと照れ臭さを、必死になって覆い隠そうと大袈裟《おおげさ》な怒り方をみせたのであろう康子に、私はとうとう少し離れて見ていた人の輪から追い払われてしまった。二十代前半の可愛い人で、特に澄んだ目ときれいなえり足に惹《ひ》かれた私が、以前からいつか何でもいいから話をしてみたいと思っていた人だった。

――今日はとうとう康子姉と喋《しゃべ》った。怒った顔がまたあんべぇよがった。仕事着の襟《えり》元がら見えだ康子姉の大きな胸のふぐらみは、桃色に染まってがらに途方もなぐちれいだった。手をばせぇで（手を入れて）触ってみだぐなったっけ。

私は、こみ上げるおかしさをどうにも抑えきれず、転げるようにただ笑いこけた。

脱却への転機

一の木村国民学校高等科時代の同級生には愉快な仲間が数多くいた。当時は高等科を卒業すると、殆どが家に残って農業に就いた。なかでも木炭を生産する親を手伝って、早くから見事な硬炭を焼いた田中忠行は、得難い親友の一人だった。二人は仕事の合間を縫ってよく山に入り、山菜やキノコ、クリなどを採りながら人生を語り合った。

「おい、仕事はせずながんべぇ、これがらなじょしんだあ。別なすんろを考えだ方がいいでねぇが」

「んだなあ、何も当ではねぇす今のどごろはしょあんめぇ」

「わが、郵便局さ入ったらなじょなべなあ」

「入るよねぇべも（入れないだろうよ）」

「いや、前の家の局さ行ってる忠雄あんつぁが、こねぇだ誰が局さ出れる奴いねぇがなあなんて、喋ってでだ」

「へえ、そうがよ。局ならぜぇなあ」

「わがその気なら、忠雄あんつぁど会って語ってみろま」

「うん、そうすてみる」

その夜私は、田中忠雄宅を訪ねた。

「忠行君から話を聞いで来たなげんじょ、郵便局では人を募集していんのがし？」

「そう、局長が臨時で一人だけ採るど語ってでだ。公威君が希望しんだごんばしぐ決まんべぞ」

「これがら局長さんの家さ行って、直接お聞ぎすてもよがんべぇが」

「ああよがんべ。局長も今日は家さいる筈だ」

降って湧いたような話の進展に、私は運が開ける思いで局長宅へ急いだ。堂々とした門構えの古い家から、かっぷくのいい月岡局長が応対に出て私を居間に招き入れた。

「公威君、実家で農業に精を出しごども大事だが、君がいま心すべきごどは一にも二にも勉強しるごどだ。局の仕事さ就くのはぜぇ。すかす、郵便局で大ちな人になるには、仙台の逓信講習所を卒業しるごどがらシタートしなげればだめだ。仙台の学校は郵便局の幹部養成学校だがらゼニはいらん。公威君の立場を考えでも私はそれがいつばんぜぇど思うがどうなべぇ」

局長の話には説得力が込められていた。そして何より私が渇望してやまなかった学校での勉強という、飛びつきたくなるような助言でもあった。

「有り難いお話よぐ分がりますた。自分とすてもぜしそうすたいど思いましのでよろすぐお願いすます」

月岡局長宅を後にした私は、真っすぐ忠行の家へ行って一部始終を報告した。

「そうがよ、そんじぇはよがった」

「あまりにもトントン拍子の話でがらに嘘のようだ」

「まじはよがった。みっつらやってみろま」

「うん、そうしる」

忠行と別れると、私は実家に了解を得るため母家を訪ねた。家族全員が囲炉裏を囲ん

でお茶を飲んでいて、遠慮がちに自分の気持ちを伝える私の話にびっくりした様子だった。武雄が困惑した表情で、

「しぇっがぐ(せっかく)一人前になったどって喜んでいだずに、困ったなすた……。すかす公威の将来のためだから仕方あんめぇ」

と、渋々了解した。すると傍らのキミエがこう言った。

「おらあ、出来るごどなら公威ごど養子にもらって、あんべぇいい嫁様でもめっけで貰えめぇがど思っていだずに、なんなべぇハハハ」

冗談半分ながら困った表情だった。

「武清君もやがて大ぎぐなるす、そうもいぐめぇ。俺もいちかは自立すねばなんねぇ」

私はそう言いながら下を向いた。やりとりを黙って聞いていた祖父の清記が、

「公威の言うとおんじゃ、喜一郎がいだら養子に出し筈はねぇす、あどで後悔しるごどは目に見えでいる。公威が考える通りにしるのがいつばんぜぇごどだ」

諭《さと》すようにはっきりそう言った。

「公威なら、みっつらすた百姓になんべぇどって喜んでいだずに、いだますいなぁ」

清記の側で祖母のナミは、囲炉裏に頭を深く垂れ、両手をひたいに当てたまま残念そうな口ぶりだった。

私は、祖母や叔母の気持ちを思うと、可哀想でたまらなかった。複雑な気持ちで自宅の小屋へ戻り、帰りを待っていた範子に一連の報告をした。だがキミエの気持ちを話すのはためらった。

「母さんの就職もそうだけど、きっと父さんが守ってくれているのよ。人様のご恩を忘れずに一生懸命やんなさいよ。局長さんには、母さんもあとでお礼のご挨拶に行って来る」

「母さん、俺、もしも仙台さ行ったら、コメはもらえねぇぐなんであんめぇが」

「公威、あんたはそんな心配する必要はないの。それは母さんと実家の問題でしょ。もうこれ以上あんたを縛るわけにはいかない。母さん本当に済まないと思っていた。公威は局長さんの言われる通り、機会があれば勉強することがいちばんよ。公基もこの三月には一年繰り上がって卒業出来ることになったし、母さんだって頑張るからもう心配はない。安心して仙台の学校を受けなさい」

暮らしのしがらみを解かれた私は、久方ぶりに晴れやかな気分だった。そして追いかけるように、待望久しかった公基が福島師範学校の本科を無事卒業、教師の資格を取得して郷里の一の木中学校に赴任することが決まった。それは同時に生活の主な担い手が、次男の私から長男の公基に移ることを意味していた。

希望に燃える

仙台の逓信講習所は東北大学に近く、広瀬川に架かる霊屋《おたまや》橋を渡った所にあった。官費養成即採用が魅力となって、毎年入試の競争率は高かった。しかし、合格者が発表された時、私の名前も間違いなくその中にはあった。躍る心は仙台へ飛んで昭和二十三（一九四八）年四月、私は晴れて普通科に入所した。

ところが新学制の発足時と重なって、逓信講習所は同年十二月一杯で事実上廃止されることになり、私達同期生は、十二月二十五日に急遽卒業式を迎え、私は同日付で「任郵政事務官（山都郵便局電信・郵便係）」を発令された。

山都郵便局は、斎藤治平局長以下職員二十三名の特定集配局だった。内勤、外勤、電話交換、保線には、それぞれ個性豊かな職員が顔を揃え、局全体がうまくひとつにまとまった愉快な職場だ。

私の所属する電信郵便係は若い三名が担当、交替で二十四時間勤務をこなした。電報は夜中でも着信するので、電信係と配達の外勤係が二人一組になって、週に二〜三回の宿直夜勤に当たった。当然翌日は明け休みとなり、これに週休を加えると毎週三〜四日間は職場の拘束が解かれることになる。

——週に三日あれば、地元の新制高等学校の定時制に入れる。またやり直しになるのだがもう一度やってみようか。

勤務を続けるうちに、私はそう考えるようになった。同じ係の先輩である遠藤、渡辺に相談すると、二人とも「それはいい、ぜひ頑張れ」と言う。局長代理の宮崎も、局長と相談のうえ即座に了承した。宮崎と遠藤は共に仙台逓信講習所普通科の先輩だった。私は「よし、やろう」と腹を決め、早速学校へ行って入学の手続きを取った。

発足二年目の県立山都高等学校農業科定時制（男女共学一学級）には、家業の傍ら高校卒業の資格を取ろうとする農村の青年男女が在籍し、全日制農業科、家庭科男女各一クラスと共に勉強を続けていた。廃校となった昔の小学校を校舎に当てた古めかしい高校で、小学生の机と椅子、オルガン、教材などをそのまま使っての授業だった。

初代校長は笠間玄一先生で、生物と土壌の授業は自らが担当、熱心に「自然の循環」を説いた。クラスの担任は社会科の佐藤治夫先生。戦後シベリアでの抑留生活を経て、中央大学法学部を出たばかりの魅力ある教師だった。学校全体に新しい校風は自分達で創ろうといった熱気が漲《みなぎ》り、クラブ活動や生徒会活動も常に教師と生徒が一体となって活発だった。

山都町の当時の町長は佐藤寅次郎。「教育山都の創造」を町政の理念に掲げ、これに共鳴する多くの有職者や町議会が、結束して県に働きかけて開設された高校だった。町と学校と在校生が強い連帯意識で結ばれていたのもごく自然だった。

斎藤局長が、地元高校誘致の際の熱心な提唱者の一人だったこともあって、通学する私への職場理解も極めて得られ易く、すべての面で私は恵まれていた。しかし実際に働きながら継続的に学ぶことの難しさは想像以上で、せっかく入学しても日が経つにつれ、学校へ来なくなってしまう生徒が増えるのは寂しい限りだった。

私は、クラブ活動の一環として弁論部をつくり、多くの青年に高校生活を共にするよう呼びかけたいと考えた。

クラス担任の佐藤先生が、自ら顧問教師を買って出て、あらゆる場面で大いに勇気づけてくれた。そのため弁論の練習に熱中する私はいつも生き生きと希望に燃えていた。

私の実力が試される機会はすぐやって来た。民主主義は言論の自由からといった風潮が全国的で、高校生の間でも、学校対抗の弁論大会や討論会が盛んに企画されたからである。耶麻管内や会津地区大会では、出場する度に私は必ず入賞を果たしていた。

そんな折、当時の蓮沼県議会議長杯を賭けた、初めての県下高校弁論大会が開かれることになったのである。私はそれまでの集大成とも言える「定時制高校生は斯く叫ぶ」をまとめ上げ、直ちに参加を申し入れた。

内容は、働きながら学ぶ職種別生徒の、生活実態を幾つか紹介してこれを柱にした。

その上に立って、職場の退勤時間と学校の始業時間のギャップから、どうしても一校時目が遅刻になる。定時制の始業時間を一時間繰り下げることは出来ないか。朝食も摂らずに登校する生徒の健康に配慮すれば、学校給食の必要があるのではないか。仕事の都合でやむなく欠席の多くなる生徒を対象にした夜の補習授業は出来ないか、など、学校の運営に改善を迫る一方で、苦労して働きながら学ぶ生徒は、全日制の生徒よりも遥かに貴重な体験を積みながら実は自分を鍛えているのであって、卒業証書よりもそのプライドと自覚こそが値打ちなのだと主張した。そしてこれらが確立されれば、落伍者激増の現状は必ず改善出来ると力説、教育費はこの国の未来に対する価値ある先行投資なのだと結んで、大人社会の理解を求めた。

県内各高校から名だたる雄弁家が集まっての大会だったため、会場の平市公会堂は各校の応援部隊も含めて聴衆で一杯だった。山高の弁論部には旅費がなく、たった一人で参加した私も、会場の雰囲気にはいささか圧倒されそうだった。しかし登壇した私が、落ち着き払って論旨を締めくくり、大きな拍手に包まれながら壇を降りる時、私は今にも涙がこぼれそうな感激を覚えた。

結果は山都高校佐藤公威の優勝だった。

この結果を一刻も早く地元のみんなに知らせたい……私ははやる気持ちを抑えながら帰りの汽車に飛び乗った。

蓮沼県議会議長から手渡された大きな楯を抱えた車中で、私はふとんでもないことを考えていた。

――県で一位になれたからには最早全国大会での優勝しかない。俺はいつか必ずその夢を実現させたい。出来れば父がかつて聴衆を沸かしたに違いない、大阪中之島公会堂あたりでやってみたい。

今にして思うのだが、血筋とは、まことにもって恐ろしいものである。

すべての喪失

私は郵便局の近くに間借りして、自炊生活を続けていた。宿直夜勤や通学に追われる生活ではどうしても食事は不規則、無謀なものになった。

軍隊払い下げの飯盒《はんごう》を使って、目一杯五合のコメを外勤控室の炭火で炊き上げると、生味噌だけでぺろりと平らげたり、朝・昼食抜きでふらつきながら学校から帰ると、そのまま勤務について仕事が終わってから夜遅く、腹一杯詰め込むなども平気だった。

見るに見かねた外勤の長老・折笠庄吾が、毎朝出勤する度に二食分の弁当を風呂敷に包んで持ってきて、「これ、食べっせ」と言って手渡してくれるようになった。

折笠はいつも控え目で笑みを絶やさず、黙ってきちんと仕事をこなす信望の厚い人だった。私もそんな折笠が大好きだった。家が農家だったので、私も時折手伝いに行って家族の誰とも親しい間柄にあった。折笠夫人のハルは、夫とは対照的に何でもハッキリさせる人で、酒をしたたかあおり酔っ払っては「佐渡おけさ」を得意とする男勝りの女傑、私とはなにかにつけて気が合った。

折笠夫妻にはひとり娘の京子がいた。山高の全日制に通っていて、私の一級上だったが年齢は二歳下の可愛い人だった。

私が折笠家の人々と親しくしたのは、このまま山都郵便局に勤続する場合、周囲がそう見ているように、いつかは京子との結婚を考えることになるだろうとさえ思っていたからだった。

しかし私には、将来を考えるからこそ、それ以前にどうしても自力で大学だけは出たいという強い願望があった。そのことが間もなく、予想だにしない挫折を生むことになるのである。

昭和二十五（一九五〇）年春、兄の公基が一の木中学校から同じ会津の河沼郡日橋第一小学校へ転任になったのを機に、佐藤一家は喜一郎の実家を六年ぶりに引き払って、日橋の教員住宅へ居を移した。私に転機が訪れたのはその翌年だった。山高の先輩で警視庁巡査だった永山政美からこんなアドバイスを受けた。

「大学の夜学に通うには、警視庁の警察官になるのがいちばん近道だ。現に俺は日大に通っている。君なら警視庁も受かる筈で、ぜひ大学を目指すべきだ」

「そうか、考えてみる」

眠れない夜が続いた。

——警視庁を受験するには局長の了解を得なければならない。しかし試験の結果が判るのは先の話で、受けるにしても合格が本決まりになるまでは黙っているしかない。ただ大学を目指して警察官になろうとすること自体、果たしてどうなんだろう。

散々悩んだ末、夜中に寝汗をびっしょりかいて目をさまし、手拭で全身の汗を拭き取ることさえあった。そんなに神経質に考えても仕方がないのに……と、自分に言い聞かせるだけだった。

結局私は、誰に相談することもなく警視庁を受験した。身元調査も終わって合格通知が郵送されて来た。

よく読んでみると、現に公務員である者は所属する職場の長に申し出て、入学前に正式な退職手続きを取るよう注意書きが付されてあった。やむなく私は、局長にことの次第と自分の意志をはっきり伝えた。

「実はひと月ほど前、君に関する身元の照会があって気になっていたんだ。今となってはやむを得ないが、こういうことは受験前に上司と相談するのが常識だ。大学はいいが、君に警察官が勤まるのかねぇ」

斎藤局長は明大の出身だった。言われてみればその通りだった。

「私も随分悩みました。しかし正直言って受かる自信はなく、今ここで局を退職する気持ちでいることがみんなに知られると、その後は気まずいことにもなると躊躇《ちゅうちょ》したのが間違いでした。申し訳ありません」

「これは老婆心ながら言うのだが、大学が目的で職業をその手段と考えるのは誤りだ。あくまでも職業が主でなければ、学業も達成は出来ないものだ。このことをしっかりわきまえて頑張んなさい。手続きは取ってやるが寂しい話だぞ、佐藤君」

私は、局長の話をいちいちもっともだと頷きながら聞いたあと、丁寧にお詫びするばかりだった。

私が、東京九段の警視庁警察学校で、入校時身体検査を受けたのは昭和二十七（一九五二）年三月の下旬だった。

「はい、大きく息を吸って、吐いて……んんっ、君は以前胸を患ったことがあるかね」

「いいえ、全くありません」

「すこし変だねえ……やっぱりおかしい」

聴診器を当てていた医師からそう言われた途端、私は頭を殴られその場に倒れ込んでしまいそうなショックを受けた。後回しにされ待っている時間が途方もなく長かった。再び呼び出されて医師と試験官のいる部屋に入ると、二人が怖い視線を向けた。

「君には肺浸潤《しゅんじゅん》の疑いがある。このまま入学を認めるわけにはいかないので、充分な治療を受け、完治してからもう一度受験し直して下さい。いいね」

「そんなに悪いのでしょうか。私は公務員を退職して来ました」

「ここで正確な診断は下せません。家へ帰って近くの大きな病院の専門医によく診てもらって下さい。何にも増して大切なのは体が健康だということです」

そのひと言で全ては終わりだった。私は顔色を失っていた。

――そう言えば、あの寝汗も食欲の減退も全身の倦怠感もみんなそのせいだったのか。最近どうも体が変だとは思った。これで俺ももうおしまいだ。

私はひとり夜汽車に揺られ、絶望の淵に立たされながら身の処し方を考え続けたが、一切は漆黒の闇だった。

会津若松市の竹田総合病院で診察を受けた結果、やはり「肺浸潤」と診断され、即入院治療が必要だと宣告された。

――思えば永い間、無茶をし過ぎたのだ。こんな時はゆっくり休むしかない。何も考えないことだ。入院費のことでは、母親と兄貴に大変な心配をかけるのだが、果たして大丈夫だろうか？　治ってから働いて返すしかない。

私はそう割り切ると、医師の言うがままにただ療養に専念する日々を送った。生まれて初めての入院生活は実に単調で、退屈この上ないものだった。

幸い私は軽症で一般病棟だったが、菌の出る重症患者は隔離病棟に入れられ、胸郭《きょうかく》成形手術を受けて胸が凹み、見るも気の毒な患者が多かった。ストレプトマイシンやパスが新薬として登場した頃で、私の病状は医師に確かめるまでもなく、快方に向かっているのが自分にも分かる程だった。

——絶望的な局面だ……一時は深刻に考え込んだが、よくよく冷静になってみると、警察官になどならなくてよかったのかも知れない。大学へ入りたいという気持ちの焦りはあるのだが、何も大学だけが人生の全てでもあるまい。宿命のいたずらで、どうにもならなくなった人だって沢山いる筈だ。元凶は親父を奪った戦争にある。

暇をもて余した私は、手当たり次第に本を読みあさった。そして三カ月後、向後三カ月間の自宅療養を指示され退院が許された。医師から、

「焦らず自宅療養を続ければ、まず心配はない」

と、太鼓判を押されたが、問題は何もかもゼロからの再出発になるところにあった。自宅療養とは言っても、私の自宅はもうどこにもなかったのである。

焦りの代償はすべての喪失だった。

三章

挑戦

気を吐く熱弁

1

美術の教師だった兄の公基は、大学の恩師山川教授の推薦で、美術の担任を探していた飯坂町の湯野中学校へ不定期異動、前任地の日橋第一小学校から湯野の借家へ引っ越した頃だった。やむなく私も家族と合流して療養に努めることになった。

長女の睦子は県立若松女子高校から同福島女子高校へ転校、弟の公侍は中学生、末っ子の公平は小学生だった。会津坂下町の範子の実家に、ひとり引き取られていた三男の公哉も県立福島高校に受かって、久しぶりに家族全員揃っての生活が実現していた。親子水入らずで気苦労こそなかったものの、経済的にはまだまだ厳しい状況下にあった。居候の私にしては、何となく気が引ける思いだったのも当然だった。

頼まれものの針仕事に余念のない範子に、私がしょんぼり胸の内を明かした。

「母さん、俺、みんなに申し訳なくて」

「何言ってるのよ、あんたは家の為に体を無理したからそうなったじゃない。公基だって睦子だって、あんたを心配して、おいしいものを食べさせてやってと言ってくれてるわ。とにかく病状が軽くて本当によかった。余計なことは考えずに、大事な期間なんだからのんびり休んでいればいいのよ」

「俺、失敗ばかりして、これからどうしたらいいかと思う」

「体がよくなれば自ずと道は開けるわ。人生は永いのよ、あくせくしないで本でも読んでいればいいじゃない」

「母さん、いやに余裕のある話するね」

「実は県から、『遺族扶助料が支給されることになりそうだ、現在国の方で調整中なのでもう少し待って欲しい』と知らせがあったの」

「えっ！　そうだったの？　それはよかった。考えれば当然で、この間ずっとカネでは苦労させられたもんなあ。カネさえ貰えればいいと言うわけではないけど」

「おカネより、父さんが帰った方がどれほどよかったか。あんたも師範を出て、今頃は立派な先生になっていたわ」

「……」

確かにそうだった。だが父との別離以後、私が実際に歩んだここまでの道のりは、実に険しい惨憺《さんたん》たるものだった。いまさら悔やんでみたところで、努力だけではどうにもならなかったのだから諦めるしかない。

――人間の真価が試されるのはここから。ゼロ以下はあり得ないのだ。

現状をどうすることも出来ない私は、自力再生の道筋を求めて、日々煩悶《はんもん》に明け暮れた。

湯野に移って三カ月余りが経ったある日の夜、学校から帰った公基が、本を読んでいた私に話しかけた。

「体がよくなったと思うなら、青年運動でもやってみてはどうかなあ。町の青年会と青年学級で交流しているが、なかなか優秀な人や愉快な人がいて凄く楽しいんだ。お前が入ったら喜ばれると思うんだが」

「青年運動はいいなあ。もう家にばかりいたってしょうがないんだから、そろそろ職でも探そうかと思ってた。友達が出来れば職も見つかるかも知れない。やってみるか」

「気楽にやればいいさ」

「うん、今度の集まりの時に行ってみる」

青年会は私の入会を大いに歓迎した。数多くの行事に積極参加しているうちに、私はいつの間にか青年会運営の中心的な存在になっていた。

定期的に検診を受け、全快が告げられたことで、私の最大の不安は解消した。だが肝心な就職活動は一向に見通しが立たず、むしろ最悪の状態が続いていた。

「君は母子家庭なんだねえ」

「なぜ中途半端な学歴なの。退学させられたの?」

「警視庁をハネられたのは、本当に健康上の理由だけかねえ」

悲しくなるような見方や、猜疑心《さいぎしん》を前面にわざと意地の悪い質問を繰り返す例が多く、私がいくら事情を説明しても、その多くは弁解に過ぎないといった受け止め方しかしてはくれなかった。当時のせち辛い物騒な世相が、人を観る目を歪《ゆが》めさせたのであろう。私が、学歴社会の実態をいやという程思い知らされた時期でもあった。

やむなくガリ版の原紙切りや町工場でのハンマー振り、左官の助手、板塀に防腐剤を塗る仕事、保険勧誘、農作業など、およそ内職やアルバイトと言われる仕事で、自分に出来そうなものには何でも飛びついて夢中になってやりこなした。

そんなある日、私の興味を引きつけ、目を釘付けにする一通の封書が青年会宛に郵送されて来た。「平和」を課題にした「第一回全国青年弁論大会」の開催通知に、出場者を募る要項が添付された案内文書だった。私は胸の高鳴りを覚え（よしっ、これに賭けてみよう）と、即座に出場を決意した。


その頃の日本は、朝鮮戦争の勃発と警察予備隊（後に保安隊～自衛隊）の創設、講和条約をめぐる国論の分裂と激しい対立、単独講和の締結と日米安全保障条約、米ソ二大陣営の対立激化と再軍備論争、レッドパージや労働争議の激発など物情騒然たる状況下にあった。

社会党の鈴木茂三郎委員長が、「青年よ、再び銃を取るな」と絶叫していた時代で、私達青年会の面々もその叫びに痛く共鳴、絶えず平和憲法と日本の現実をめぐって熱い討論が交わされていた。平和を課題とする全国青年弁論大会の開催企画も、こうした国内情勢の背景があってのことで、時宜《じぎ》を得た試みだと思えた。

開催要項には、持ち時間は一人十分で、まず郡市単位の地区予選会で一位になった者が県大会に出場、全国大会への出場権を賭《か》けて覇を競い、優勝者一名が晴れの全国大会に臨む。そして各都道府県代表四十六名が日本一を賭けて雌雄《しゆう》を決する。全国大会の会場は石川県金沢市中央公会堂で、開催日時は昭和二十九（一九五四）年三月十四日から二日間とあった。

準備に要する時間は充分だった。

私が練習を重ねながら、原稿と弁論を完成させたのは、それから二十日くらい経ってからだった。大会では論旨・音声・感銘・態度の四部門にわたって採点される。しかし採点の比重は当然のことながら論旨にかかる。

まず、平和論は、単なる願望や観念を超えて、誰もが平和への実践に踏み出せる行動の論理に裏付けられたものでなければ、現実的な価値も説得力も持ち得ない。私は、論理の前提をそう説明した。

その上に立っての分析と具体論では、軍拡競争には自ずと限界がある。したがって米ソの対立も、経済的な行き詰まりから崩壊過程を経て共存の時代を迎えるであろう。究極和平の実現は軍備の全廃にあるが道は遠い。独善的な革命至上主義は流血の伴う無責任な欺瞞《ぎまん》である。戦後日本の原点は、憲法および反戦・反核に求められるが、既成事実がこれに逆行するものであるなら、傍観や諦観《ていかん》ではなくて、まとまった粘り強い各種平和運動への積極参加によって、平和的人為的に現状を変えていく以外に道はない。それが民主主義であり、われわれのなし得る平和への実践である……とした。

まとめ上げた時、演題は「実践平和論」がいいと思った。練習を聞いた人達からは一様に、「時代の先を行く大胆な論旨で、迫力は充分だ」と言われた。

伊達郡の予選を一位で通過して県予選大会に出てみると、そこには高校弁論のＯＢもかなり顔を揃えていた。お互いにライバルではあっても、その後の成長ぶりが見ものだといった妙な雰囲気があった。

結果は「実践平和論」の圧勝だった。

「県代表として、必ず全国制覇を成し遂げてくれよっ！」

「さすがだった。君ならきっと日本一になれる」

「今日は素晴らしかった。演題もいい。おめでとう」

みんなの握手攻めに遇い、激励を惜しまない旧友の声援に、いささか戸惑いを覚えながらも、私は言いようのない喜びと、県代表としての責任を噛み締めるばかりだった。

2

全国大会への出場旅費は範子が工面したらしく、出発の前夜何も言わずにそっと手渡してくれた。福島・金沢往復汽車賃（二千二十円）に二泊分の宿泊料を加えた五千円の旅費はそれでも大金だった。教師になって勤続六年の兄の給料が一万四千六百円、米一俵の政府買入れ価格が三千七百円の時代であった。範子がどこでその旅費を工面したのかも知らされないままに、私は家族全員の励ましを受け、「日本一になったら電報を打つ」と言い残して、翌日の早朝元気に出発した。

金沢市の中央公会堂は、全国大会にふさわしい立派な大会場だった。集まった出場者は、大学生も含めていかにも都道府県代表らしく、誰もが堂々としていて頼もしくみえる。

野次が飛び交う賑《にぎ》やかな会場で、私は燃えたぎるような闘志を秘め、ひとりひとりの弁論に自分で採点評価を下していた。出番直前までの採点では、「これなら勝てる」が私の確信だった。

騒然とした雰囲気の中、司会者がマイクで福島県代表を紹介した。いよいよ晴れの本番である。会場に静まる気配はない。私の緊張は極度に高まった。

選手席で「よしっ」と小さな声で気合を入れ、席を立って演壇から聴衆に向き合った。その時私は、いつもより冷静にそこに立つ自分が見えた。

論旨の前提を、じっくり間をおいて説明し終わる頃になると、会場は不思議な程静かになって、ざわついていた聴衆も次第に動かなくなっていた。論旨の展開と共に、聴衆の顔が一点集中で壇上の私を見つめて微動だにしない。私の熱弁に気迫がこもる。区切りのところで拍手をする人の数と音が次第に大きくなって、聴衆は私の弁論に完全に飲み込まれているように思えた。

嘘のように静まり返った大会場から、爆発的な拍手が沸き起こって、私の弁論は終わった。

自席に戻ってこれで勝てただろうと思うと、旅費を渡してくれた時の母の仕草が、急に脳裡《のうり》をかすめ自然に目頭が熱くなった。

審査委員長の大学教授が、十名の審査委員を代表して、

「福島県代表の『実践平和論』は、極めて論理的で明快、洞察も鋭く格調の高い内容だった。混迷する時代背景を思えば、先導的平和論としての説得力があり本大会の白眉《はくび》と言える。佐藤君の健闘に敬意を表したい……」

と、講評した。予期した以上の高い評価だった。

「第一位優勝は、福島県代表……」が正式に告げられると、一瞬会場がざわめいて、これは当然だろうといった雰囲気が一気に聴衆全体を包み込んで行った。私が遂に「弁論日本一」を、自らの力によって達成した瞬間だった。

万感迫る思いで、演壇に架《か》かる高い階段を踏み締めるように登る。賞状と副賞を手にして聴衆にも深く一礼した。

——戦争による父の自決が、その子に実践平和論を生み出させ、弁論で全国制覇の評価を得たことになる。もし父が生きて健在だったらこの日はなかったろう。これで区切りはついた。俺の人生もここからが勝負、学歴だけで人間の値打ちは決まらないのだ。

幾多の感慨が一気に吹き出して、私の胸中を去来した。

電報で快挙を知った兄が、飯坂電車の駅に迎えに出ていた。

「やった、やった、よくやった。家中みんなが大変な喜びようだ」

「さすがは全国大会、くたびれちゃった」

「そうだろう、早く帰って町営の温泉にでも行こう。公威、旅費は間に合ったか」

「うん、別に使わなかったから」

「実はなあ、今回の旅費は、母さんが睦子のためにと大事に仕舞っておいた、昔の自分の着物を質に入れて作ったんだ。俺が都合すると言ったんだが、この学校に来てまだ日が浅いのに借金だけはするなと言って、どうしても聞かなかったんだ」

「えっ、そうだったの……どこの質屋？」

「飯坂の堀切質屋だと言っていた」

「優勝できてせいせいしたと思ったけど、気が重くなるなあ」

「そんなことはない。何も気にするな。母さんがお前のためにそうしたかったんだろうよ。これで新しい道が拓けるかも知れん」

「うん、そうなら本当にいいんだけど」

その夜、範子が作った絶品のカレーライスでささやかな祝賀夕食会が開かれた。私が改めて全国大会優勝の実感と、こみ上げるような喜びを覚えた時だった。

思えば、父が応召して以来この十一年間、家族のそれぞれが辛酸《しんさん》をなめ尽し、ようやく公基の卒業で大きな転換期を迎え、今また私が思いもよらない弁論全国制覇を成し遂げた……そのことを家族の誰もが、これまでの苦労に置き換える喜びとして受け止めていたからだった。

どの顔にも、長かったトンネルをようやく抜け出した明るさと、「わが兄妹は、やれば出来るのではないか」といった希望に満ちた輝きがあった。

私の活躍は各新聞によって一斉に報道され、私は多くの人達から温かい祝福と激励を受けた。

目を引いたのはそれから少し経って「実践平和論」の全文を掲載した福島民友新聞だった。紙面のほぼ一頁を割いた特集の青年欄には、私の顔写真も載っていた。

家中がびっくりして早朝から大騒ぎになった。引っ張り合うように記事をさっと見て、それぞれが嬉しそうに出勤・登校したあと、家には範子と無職の私だけが残った。

「こんなに大きな新聞活字になったのは、生まれて初めてだあ」

「民友には、きっとあんたの弁論を理解してくれた人がおられたのよ」

「そうか……母さん、俺、民友にお礼を言いに行って来る」

「ああ、それがいい」

県庁と道ひとつ隔てて隣り合わせにあった福島民友新聞社へ行くと、受付の守衛はすぐ編集局の応接室へ案内した。

お茶を出してくれた若い女性社員と入れ替わるように、長身の見るからにインテリ然とした編集局長が現れた。名刺を出しながら忙しそうな話しぶりだ。

「松坂です。全国大会の優勝おめでとう」

そう言うと、立ち上がって緊張していた私に、腰をおろすよう促した。

「佐藤公威と申します。今朝の民友を拝読しましてお礼のご挨拶に上がりました。お忙しいところをお邪魔しましたが、本当に有り難うございました」

「私も君の論文を読ませてもらったが、なかなかまとまっていて、さすがは全国優勝の論文だと思いました。ところで君は現在どこにお勤めですか」

「少し前までは会津の郵便局で電信係をしておりました。東京の夜学に通って大学を出るつもりでしたが、行き違いがあって職を失い、今度の大会に予選から参加したんです」

「ほう、すると無職ってわけか。新聞記者に興味はあるかね」

「はい。人に勇気と喜びを与える仕事だと思います。自分の報道でそう感じました」

「そんならどうだね佐藤君、うちの記者にならんか」

「はっ？　私のような者に出来る仕事でしたら喜んでやらせて頂きます」

「よし、話は決まった。明日から出勤しなさい。最初は記事のスタイルを覚えてもらう必要があるので校閲《こうえつ》をやってもらう。給料は安くて仕事はきついが、やる気のある人が欲しかったんだ。出勤時間は朝の九時だが、一応マスターするまでは退勤時間などないつもりでやってほしい。いいかね」

「願ってもないこと、宜しくお願いします」

松坂編集局長のひとことで、私は福島民友新聞社への入社が決まったのだった。お先真っ暗な状況の中で、再生を目指してもがき苦しんでいたつい今しがたまでの自分が、全く信じられない思いだった。

人生一寸先は判らないものである。

私は、充電期間中に貯めに貯め込んだエネルギーの全てを、新しい仕事に爆発させたい気持ちで、早くこの吉報を範子に知らせようと家へ向かって一直線だった。

「えっ、まさかほんとに？　大学を出て試験に受からなければ、新聞記者にはなれないわ。大変なことじゃない」

「この俺がいちばんびっくりした。判断と決断が早くてくどい話も一切ない」

「松坂さんはきっと重役をなさっておられるんでしょう」

「編集局長だから当然そうだと思う。みんなが帰ったら驚くだろうなあ」

その夜家族が揃うと改めて今朝の朝刊が回し読みされた。丁寧に読み返してみると肝心な箇所に誤字誤植が結構あって、「しっかりしろよ」と大笑いになった。しかし朝は記事になってびっくりした私が、夜になったら記事を書く方に変わっていて、またまたみんなをびっくりさせてしまう……話題はもっぱら、その意外性に集まった。

「公威は元々新聞記者向きだ。記者の命は感覚と文才だから、編集局長もきっとあの論文でそれを見抜いたんだろう。公威、就職祝いに一杯やろう」

珍しく公基が立ち上がって、台所から酒と盃を持って来た。

「新聞記者は酒と縁の深い職業だが、公威は喘息があって全然駄目なんだもんなあ」

「その時の体調にもよるんだが、酒を飲むとどうしても呼吸が苦しくなって困るんだ。過敏症なんだろう」

「兄妹で一人だけ、こんなうまい酒の味が分からないとは誠に気の毒な話だ。いくら異常体質でも飲まずに通すのは難しいぞ」

「いや、俺は飲まない記者でいく」

「今日はお祝いだ。乾杯の一杯だけは飲め」

三人が公基の音頭に合わせるように盃を掲げると、注ぎ交わした酒を嬉しそうに飲み干して前途を祝った。

幸運な再就職

1

仕事はやり甲斐《がい》があって順調だった。

次第に社内の事情が判ってみると、あの松坂局長は大の酒豪だった。酒だけではなくて仕事にも滅法強く、おまけに部下思いの人柄で信頼を集め、社内では『松坂天皇』と呼ばれる程の存在であることも判った。

三カ月間の校閲部勤務の後、私は試用を解かれ、準社員に任用されて社会部記者を命じられた。新米事件記者の誕生であった。

カメラを肩に下げ、メモ帳片手に警察署回りや県庁の社会部記者クラブに忙しく出入りし、時にはサイドカーに社旗をなびかせながら、猛スピードで事件現場へ直行する『民友の佐藤』も、月日の経過と共に次第に記者が板についていった。

事件・事故はもとより、社会的な現象やその背景、各種スポーツ大会、行事、解説、連載企画ものまで、社会部の守備範囲は実に幅広い。他社との競争も絶えず激しく、時間が勝負を決める仕事は想像以上に汗をかく。

しかし、それを乗り切れるのは、自分の原稿が即活字になって多くの人々に読まれ、反響を呼んではね返って来るという、変化に富んだ仕事のやり甲斐が、他では味わえない緊張感と喜びを生み出すからだ。各種事件現場の目撃者になれる職業特権も優越感を刺激する。

「おい佐藤。あさかんの頭、六十行で張ってくれ」

本社の社会面デスクから突然名指しで、そんな電話を受けることがある。

明日の朝刊の三面トップ記事を探して六十行にまとめ、締め切り時間に間に合うように送れ、と言うのである。デスクの指示を、確実にこなせなければ記者は勤まらない。勿論ネタの選択やその話題性、記事のまとめ方まで、一切は記者の感覚・力量に委《ゆだ》ねられる。そんな時に備えて私は、いつもメモ帳にトップを張れそうな閑だね（いつ出してもいい話題もの）をいくつか忍ばせ、悠然と構えていたものである。つまりデスクが困った時に頼りがいのある記者になっていたのだ。要はコツと要領で、それさえ飲み込めば理屈はなかった。

重宝がられた私は、やがて平支社勤務を命じられ、刑事事件の続発で多忙を極める浜通りの拠点に身を移した。

長男の公基が、福島市内の中学校で数学の教師をしていた池田美恵子と結婚、森合に家を新築して家族全員が湯野の借家から森合へ移ったばかりの頃だった。佐藤家は将来への基盤を固めて、全く新しい歴史を刻み始めていたのである。

平支社に移った私が、殺人・強盗・傷害などの凶悪事件だけでなく、炭鉱の落盤事故や漁船の遭難事故といった、多種多様な取材を本格的に経験したのもこの時期だった。

しかし、どうにもならない苦痛もあった。それまで長い間、まるで忘れたかのように、すっかり鳴りを潜めていた喘息の発作が、平支社へ来てから時として激しさを増して起きるようになったのである。浜通りの空気、特に炭鉱の粉塵が発作の原因物質らしく、平市内の後藤内科医院に入院してそこから出社することさえあった。

苦しさの余り、自分で劇薬の「ボスミン」〇・五ccを、深夜の下宿で皮下注射して、危うく心臓が停止しそうになったこともあった。素人判断にこりた私は、その後自分で注射を打つことはやめたが、人知れず急に苦しくなって、その都度開業医に転がり込まなければならない自分の体が、つくづく嫌になる日が続いた。

平支社勤務となってから二年ほど経ったそんなある日、思いがけないことに支社長から突然、県政記者への転勤が打診された。

見るに見かねた池田支社長が、黙って本社側に転勤を働きかけてくれたらしい。まさに渡りに船の思いだった。

私自身が日頃から、県政記者になることを希望していたことや、転地すれば発作は起きなくなるという確信もあったからだ。私は池田支社長の配慮にただただ感謝しながら平支社を後にした。

県政記者クラブは県庁二階、知事室の前に居を構える。ひとつの課ほどもある広いスペースに、加盟する報道各社の机と椅子がひしめき、ついたてで区切られたそれぞれの城で記者が原稿を書く。どの城も雑然としていて身のおき場所がないくらい狭い。

民友は大平キャップ以下三名の少ない陣容で、県政全般の動きに目を配り、細大漏らさず記事にしてデスクに上げる。じっとしている時間は片時もなかった。

当時の知事は自民党を離党して無所属の県民党を名乗り、天下り官僚の自民党主流派公認候補と激しいつば競り合いの末、接戦をものにしたばかりの佐藤善一郎であった。

県議会議員は六十一名が定数で、顔と名前は県の上層部も含めてすぐにも覚える必要があった。各党の議員控室を挨拶回りしている途中、何気なく議員名簿を見ると「山田登」が目に留まり思わずはっとした。顔写真から父の親友で、共に将来を誓い合ったあの山田であることがすぐ確認できた。

――いやあ奇遇だ。それにしても山田さんは、親父との約束を守って本当に県会議員になったんだ。もし父が生きていたら果たしてどうだったろう。

私は、偶然を超えた因縁らしきものを感じ、にわかに胸がときめく思いだった。

議会事務局へ行って調べてみると、山田の初当選は昭和二十二年四月、戦後第一回目の県議選で選挙区はやはり相馬郡だった。そして一期おいて同三十年四月に再選を果たし、現在二期目で総務公安常任委員長。明年四月に改選期を迎えるという。

記者クラブへ戻って、言いようのない感慨に浸っていた。

「佐藤君、ぼやっとしていないで社会党の控室へ行って、今度の九月議会の代表質問は、誰がどんな内容でやるのかを取材してすぐまとめてくれ」

「はっ、社会党は本間さんが立つんだそうですが、その内容はまだまとまっていないと聞いておりました」

「バカもん、それを待っていて新聞が出来るかよ。ヤマ場を迎えた教職員の勤評問題をどう追及するのか、直接会って聞き出すんだ。それが記者だろう」

「分かりました。すぐ探してみます」

大平キャップは、県政記者クラブ最古参のベテラン記者だった。県の三役をはじめ上層部、議会の各会派からも一目おかれ、その信頼は極めて厚い。五カ月の任期を残して突然辞任した大竹前知事の退任劇を、与党幹部による最終極秘会議の開かれた旅館の縁の下に潜りこんで取材に成功、見事すっぱ抜いたのも彼であった。

怒鳴られるだけでなく、新米記者は例外なく、書いたばかりの原稿を目の前で破り捨てられたり、くしゃくしゃに丸めてそのままポイと屑籠《くずかご》に投げ込まれたり、それは相当手荒な仕込まれ方を経験する。「新聞の命は記事だ」というのがこの人の信念なのだ。もとより私にして、すでにその洗礼は二度三度と受けていた。

この日も大平発破で記者クラブを追われた私は、社会党の控室へ直行して八方手を尽しながら本間県議を探した。しかし居所は一向につかめず、時間だけが空しく経過した。

社会党県連の書記長だった本間県議が、在庁であることだけは確かなのに、庁内の一斉呼び出しをかけても反応は全くなかった。夕刻になって泣きたくなった頃だった。県庁の正面玄関先でばったり本間県議と鉢合わせになった。

「あっ、本間先生っ。ずいぶん探しました。民友の佐藤です」

「図書館へ行って原稿を書いて来たんだ。議員控室や宿舎では、人や電話がうるさくて集中できん。今朝から図書館だったが何か急用でもあったか」

「いやいや、ま、そう大きな声では……勤評でぜひお聞きしたいことがあったんです。コーヒーでも飲みましょう」

私は時間が気になり、キャップの雷が今にも落ちそうな気配を全身に感じながらも、ようやく本間県議を喫茶室に押し込んだ。

「九月議会で先生が、社会党としてどういう立場と主張を展開されるのか県民は大いに注目しています。県教組はすでに勤評反対の一斉休暇第一波をやってますし、近く第二波も準備中で、ここはまさにヤマ場です。自民党は参加者全員を処分せよと当局に迫ろうとしています」

「うん、そうらしいな。だがわれわれが問題視しているのは単に勤評ではなくて、ここに至る一連の反動的な管理強化の教育立法があって、その延長線上に勤評があるという点なんだ。だからその辺を整理して明らかにすると共に、望ましい民主教育の確立を求めて起ち上がった教育現場の教師たちを、単に対抗的に上から処分で抑え込めばいいとする教育委員会側の態度が、もし打ち出されるとすれば、そんなことでは問題の本質的な解決には絶対にならない点を強調するつもりなんだ。本県がなぜ全国に先駆けてまで勤評を強行しなければならんのか、管理教育の強化が果たして子供達の為になるのか、それらも含めて追及したいと思っている」

「なるほど。良く判りました。自民党では大野長治先生が勤評を中心にかなりやりそうですねえ。お忙しいところをお引き止めして有り難うございました。予告記事を書いておきます」

本間県議と別れると、私は猛烈な勢いで記者クラブへ飛んで戻った。締め切りまでの時間が、もうなくなっていたのだ。

「今頃までどこをうろついてたんだっ。ものになったのかっ？」

「散々捜し回って、ようやく会うことが出来ました。一人で図書館へ行って原稿を書いていたんだそうです」

「俺は自民党を取材して来た。君のと併せて記事にするから大至急まとめてくれ」

「分かりました。すぐ書きます」

時間に間に合わせるよう大至急原稿を仕上げ、大平キャップに手渡した。「なんだこの字は……」と、いきなり怒鳴られはしないかと、頭から汗が吹き出し、顔を伝ってワイシャツの襟元《えりもと》に幾筋にもなって流れ落ちる。

「よし、これならトップを張れる。今夜は焼鳥屋で今後の取材打ち合わせをやりたい。何か都合はあるか」

「いや、別にありません」

「これはいい記事だ。ご苦労だった」

大急ぎで書いた乱暴な原稿が、怒鳴られるどころか一面のトップだと言われたのには驚いた。意外である。

――一体どんなトップ記事に料理されて出てくるのだろう。単なる気休めに終わらなければいいのだが。

私はそう思いながら、焼鳥屋を出たあと深夜になって社へ戻った。翌日の朝刊早版が組み上がるのを、工務局へ行ってつきっきりで見守った。そして胸躍る気持ちで荒刷りの紙面を手にして目を見張った。

『勤評で自社対決県会の様相』『双方の主張はこうだ』『県に斡旋を期待する声も』六段抜きの大見出しがトップ記事に躍っているではないか。

――さすがはベテラン。度肝を抜かれるなあ。努力のし甲斐もあったというものだ。

私はただただ脱帽する思いだった。自分が書いた乱暴なあの原稿も、丁寧に肉付けされめりはりのきいた記事になっていた。

――キャップに文句など言わずにいてよかった。もう少しやられれば誰だって反発したくもなる。こっちだってさぼっていたわけじゃない。キャップはもっと親切に、説明して教えてくれればいいんだよなあ。それにしても一面トップは初めてだ。明日の県庁内部の反応と動きが見ものだ。ばっちり追いかけてやろう。

興奮状態で家路を急ぐ私が、結局県政と新聞の関わりを知ったのは、この勤評問題一連の取材を通してだった。

2

県政記者や文化部デスクとして張り切っていた頃、私は福島民友労組の書記長にも選任され、この面でも縦横に活躍していた。

当時はまだ賃金水準が極めて低く、労働協約は各社とも皆無の状態だった。特にローカル紙の場合は新聞製作が飯より好きで、給料や労働条件よりも、意気に感じて仕事をするといった職人気質の社員が多かった。

私はそれをいいことに、出すべきものも出さない会社側の前近代的な経営感覚を問題にした。そして無い袖《そで》は振れぬと言う前に、経営者が問題解決のためにどんな努力を払い何をなし得たのかを、きちんと社員の前に明らかにすべきである、その労使関係が確立されない限り、より良い紙面も出来ないと主張した。

会社側の労務担当役員が松坂編集局長で、団体交渉はいつも松坂労務担当対佐藤書記長の対決になったのも皮肉な巡り合わせだった。

しかし松坂は、決して入社時の個人的な恩を着せて、ブレーキをかけるような言動は一切取らなかった。むしろ組合側の言い分に極力理解を示し、最善を尽くして共に現状を脱却しようと努めたのだから、その姿勢は敬服に値すると言うほかはない。執行部が闘争至上主義を排し、全組合員の意見を最大限結集して、地道な労使の信頼関係構築に力を入れたのも中小企業にしては当然だった。懸案やベースアップも徐々に解決、組合の結束力は次第に強まった。

単組の書記長は、日本新聞労連東北地区連絡協議会の役員も兼務するため、東北各県ローカル新聞社労組間の相互交流も実に盛んだった。各労組の大会や賃上げ集会には、いつも日本新聞労連東北地連佐藤幹事が呼ばれて出席、大演説をぶって、集まった組合員に自信を持たせたことでも民友労組の佐藤書記長は注目される存在になっていた。

私が、山田県議と親しく面談したのは、九月定例県議会の会期中で、場所は議場のロビーだった。

「いやあ、そうでしたか。お父さんが亡くなられたことは聞いておりましたが、ご子息がまさか民友の県政記者になっているとは知らなかった。おふくろさんやご家族の皆さんはお元気ですか」

「はい。兄は中学校の美術の教師をしておりまして、昨年やはり市内の中学校で数学の教師をしている人と結婚しました。森合に新築中だった家もようやく完成し、現在そこに母をはじめ家族が全員元気でおります」

「それではもう安心だ。喜一郎君は全く惜しいことをした。なぜ早まったことを」

山田は声を詰まらせた。

「父が生きていたら、先生のように県議になれたでしょうか」

「私よりなれる可能性は遥かに高かった。すばらしい資質をもっていて、彼を知る多くの友人達が、早くからそれを待望していた。本当に痛ましい限りだ」

「いくら考えても、今となってはどうにもなりません。先生に父の分まで頑張って戴ければ有り難いと思います」

「佐藤君、君は政治が嫌いか。喜一郎君の息子さんだ、聞くのもヤボだなあ。お父さんの遺志を継ぐのは君しかいないよ。県政記者で勉強しながら時を得て起つべきだ。それが何よりもお父さんの供養になる」

「はあっ？　私がですか」

「今から心掛けて、しっかりお父さんの遺志を継ぎなさい」

「よくよく考えてみます。先生のことは今晩にも母に伝えます」

「皆さんに宜しく伝えて下さい。いずれ私も伺います」

山田の激励は、私の気持ちを激しく揺り動かすものだった。

――選挙を戦うとすれば、兄弟でやれそうなのは確かに俺しかいない。戦争がおふくろにもたらした悲しみの深さと悔恨《かいこん》の日々の重さ、運命を狂わされた遺族の悔しさを、俺は政治権力と官僚にぶつけ返してやりたい。兄弟の誰かが、権力が必ず犯す過ちに、絶えず斬り込む生き方でも取らない限り、親父だって浮かばれないに違いない。父の遺志を思えばその子が立ち向かう目標も明確だ。俺がアタックすべき稜線はこれだ。

議場ロビーの窓越しに、幾重にも大きな枝を張り出すケヤキの巨木を見つめながら、私はソファーに身を沈め、思索にふけって暫くはそこを動こうともしなかった。

その夜帰宅した私は、山田と再会した時の様子を範子と公基に話した。

「公威、とんでもないことだよっ！　県会議員なんて簡単になれるものではないわ」

「いや、父さんが生きていたら、確かに選挙には出ていた筈だ。山田さんだってそう思うからこそ、公威に奨めたんだろう」

「それはそうだろうけど、母さんはそんなことやめて欲しいと思う。選挙なんて生易しいものではないんだから」

「俺は、今の段階で出ると決めたわけではない。ただ取材をしていると、いつも父さんがもしこの議場にいてくれたらなあと思ってしまうんだ」

「困った人だねえ。あんたは父さんではないんだから、余計なことは考えずに、一生懸命仕事をしていればいいの。判ったっ?」

範子は血相変えて、選挙に出ることには絶対反対だった。当然と言えば当然だが、あまりにもはっきりした母の強い態度に、お話にならないと悟《さと》った兄と私は、顔を見合わせて笑ったまま黙ってしまった。


私が会社に願い出て、会津若松支社へ転勤したのは昭和三十六(一九六一)年の春先だった。

住所を本籍地である山都町に移しての汽車通勤が始まった。もとより二年後に迫った県議の改選期をにらんでの予定通りの布石で、私自身がいつの間にかたとえ誰が何と言おうと、三十八年県議改選期には耶麻郡から出馬して戦うことを、密かに決意していたのである。社会党の公認候補で立つことを当然として、以前から県の段階でも関係者との非公式な接触を重ねていたのである。六〇年安保改定をめぐる激動の時期で、大衆運動が怒濤《どとう》の高揚期を迎えた頃でもあったことを思うと、私が迷わず社会党に入党したのは、その生い立ちからしても当然だった。

当時の社会党山都支部には、顧問格で元中学教師だった佐藤亥生男を筆頭に、農業をやりながら若くして町議になった支部長の田代光雄、国鉄会津若松駅客貨車区勤務の副支部長田中義記、山都駅勤務の書記長関川尚衛らが籍を置き、各労組の役員や一般の党支持者も加わって、頻繁《ひんぱん》に会合を重ね活発な党活動を展開していた。私の県議選出馬問題が当面の焦点になって尚のこと、熱気は日を追って一段と高まりを見せた。

昭和三十七（一九六二）年秋口を迎え、若松支社への汽車通勤は事実上無理になった。会社が事情を百も承知で、私が提出した休職願を受理、県議選への出馬を黙認する形をとったのは前例のない特別扱いだった。

——失敗したら辞職しよう。それが会社側の措置に対して、自らが執るべき責任というものだ。勝たねばならないどうしても。

改めて内なる決意を固めるのだった。

激闘の始まり

1

県議選への初挑戦が事実上スタートした。耶麻郡には八つの町村があってそれぞれに党の支部がある。県議選の場合、候補者の公認申請はこの八支部で構成する郡の協議会が、各支部から申請された候補者を話し合いの上一人に絞り、党県連に上げる仕組みになっている。

度重なる郡協議会での話し合いの末、候補者は佐藤公威とすることが決定され、県連に対して公認の申請手続きが取られた。郡協の決定は即県連の決定にも連動するので、次期県議選耶麻郡選挙区（定員三名）の社会党公認候補が事実上決まったことになる。時に私は三十歳だった。

下馬評による競争相手は、いずれも現職で再選を目指す実力者揃いだった。自民党が四期目の前議長・山口一男（熱塩加納村）、同じく四期目の小林七之助（猪苗代町）、民社党が三期目の生江光喜（塩川町）である。

現役陣に対する新人は自民党から高橋義雄（西会津町）、共産党から佐藤牛麿（猪苗代町）が名乗りを上げ、これに社会党を加えた六名で三つの椅子が争われる。最年少はもちろん私だった。

社会党県連が、県議選に臨む第一次公認候補者名を正式に発表したことを受けて、新聞もこれを大きく報道した。

——地元の町には何かとお世話になる。取り敢えずは町長にご挨拶をしよう。

そう思った私は、早速町役場に唐橋重政町長を訪ねた。県議を経て官選の代議士を務めた県内保守派の長老で、喜一郎とは旧知の間柄だ。いつも味のある話をする人である。

「何かとお騒がせしますが、どうぞ宜しくお願いします」

「若い人達が、政治に参画する勇気を持たれることは誠に結構なことでぜひ頑張って下さい。おごる平家は久しからずと申しますから、あなた方の時代も必ず来るでしょう」

「しっかり戦って、お役に立てるような自分になりたいと思います。何しろ初めてですから、大先輩の立場でどうかご指導下さい」

「私も政界は永いが、顧みて言えることは若いからこそ出来る。向こうみずってわけでしょうハハハ。まあ大いに気を吐いて、現役の一角を崩して下さい」

「地元の町が笑われないように、私はただ懸命に頑張ります」

唐橋町長と堅い握手を交わして役場を後にした私は、町長の言う諺《ことわざ》と選挙がどう結びつくのかが気になった。しかし、身をもってそれを知ることになるのは、具体的な運動を始めてからだった。

　社会党の票は組織票だと言われたが、耶麻郡のような農山村選挙区の労組票は絶対数においてごく少ない。加えて党の分裂で民社党へ鞍替えした現職も出馬するので、初めから厳しい情勢下での戦いだった。

　選対をどう組むのかも、資金をどう調達するのかも、皆目見当がつかないままに、とにかく歩いて顔と名前を覚えてもらうしかなかった。来る日も来る日も、その地域をよく知る党員や支持者の案内で、歩きに歩いて名刺による戸別の挨拶回りを繰り返した。

ひと口に八か町村とは言うのだが、農山村僻地の隅々まで歩くとなると選挙区全体は実に広い。ひとつの集落でも、あっちに一軒こっちに三軒で想像以上に時間がかかる。郡内全戸を歩き潰《つぶ》すなどはまず不可能だ。案内をしてくれる支持者宅に泊り込み、毎日おにぎりを作ってもらっての強行軍だった。

案内者はたとえ日替わりや半日替わりでも候補者だけは代わることが出来ない。同伴者が疲れて二日ともたない行程を、何か月間にもわたって、計画通りひたすら歩き続けるのである。不死身の鉄人でもない限り身がもたないというのが実感だ。

自分を知ってもらい、後援会を一つでも多く組織する必要に迫られての行動とあっては全てはやむを得ないこと、自分は候補者自身なのだと割り切る以外にはなかった。

犬が気違いじみた吠え方をしても、飼い主が出て来て制止するなどは皆無に近い。着ていたコートが噛み切られることもあった。どぶに落ちることにも、転んで怪我をすることにも、平気で耐えられなければ候補者ではないのだ。

集落を歩いているうちにどこをどう回ったのかが判らなくなって、同じ家を二度も訪ね、たっぷり厭味《いやみ》を言われ冷やかされることも稀《まれ》ではなかった。その家が自民党候補の地区後援会幹部宅で、居間に室内ポスターがでんと貼ってあったりすると、信じられないような目に遭う。

「聞いたこともない青二才が突然出て来て、当選しようたってそう甘くはねぇ。おめぇは落選確実だから、親に恥かかさん内にやめた方が利口だぞっ」

「選挙はあなたの一存で決まるとも思えませんが……」

「勝手にやってろ。俺は挨拶など受けん」

「……」

——酒が入っているにせよ、支援する県議の権威を笠に着て、だから自分はなんだと言うのだろう？　世の中には情けない大人もいるもんだ。いまに見ておれわれ行かんだ。

新人は辛《つら》いもので、そんな場合でも決して腹を立てず、逆に闘志を燃やすしかなかった。

悪戦苦闘を続けていた頃、入居したばかりだった町営住宅に、弟で四男の公侍が、何の前触れもなくひょっこり現われた。

公侍は喜一郎の母校、福島農蚕高校を出て広島の孤児院に就職した。どうして広島でなぜ孤児院だったのかは、家族の誰もが詳しくは判らず仕舞いだった。あくまでも本人の強い希望による就職だった。

「あれっ、公侍じゃないか。どうしたんだ早く上がれ」

「兄貴、俺、選挙を手伝いに来たんだ」

「仕事はどうした、休暇を取ったのか?」

「いや、勤めは辞めて来た。じっとしていられなかったんだ」

「そんなことしていいのか」

「いいも悪いも、考えてる場合ではないと思った。兄貴は父さんの身代わりだ」

「でも職を犠牲にするなんて大変なことだ。まさか職場でまずいことがあったわけではないんだろうな? 公侍に選対を手伝ってもらえるなら千人力なんだが」

「職場は素晴らしく、仕事も面白かった。変なことがあったわけでは勿論ないさ。兄貴が政治を目指す以上広島では遠過ぎる。兄弟として力になるには辞めるしかない。そう思っただけだ。とにかく頑張って欲しい」

「よし分かった。早稲谷の恵美ちゃんも早くから毎日、家事手伝いに来てくれている。本当に済まないと思う」

「ああ、いとこの恵美ちゃんかい。それは有り難い。俺も一緒にうまくやるから」

「そうか頼む。みんなに迷惑かけちゃって責任重大だなあ」

思いがけないことに、公侍が選対本部に加わり、事務所の雰囲気は以前にも増して一段と明るく賑やかになった。

歩くだけでなく極力座談会を開いて、候補者の話を聞いてもらう方針が本部から打ち出され、各支部にも丁寧にその旨指示された。しかしようやく会場を借りて、これで座談会が開けると思っても、集まって来るのはせいぜい五～十人程度だ。参加者がたとえ一人でも二人でも、私は熱心に自分の思いを語った。

戦争と父の自決、母子家庭と家族の苦悩、記者の目から見た県庁と役人、県政の実態と望ましい地方自治の在り方、日本の進路などが話の柱だった。誠実に心を込めて自分をさらけ出す私の熱弁は、徐々に話題を呼び人を集めて、どこでも評判は上々だった。

しかし、農山村は予想以上に閉鎖的で保守的だ。いくら待っても一人も集まらず、中止に追い込まれる会場さえあった。それでも会場費を払って、黙って帰るしかなかった新人の悲哀をどれほど味わったか。選挙は忍耐であり、まさに自分との戦いでもあった。

2

「兄貴、本部は文無しでどうにもならん。俺、全財産の十万円出しておいたが、これからの分は兄弟にカンパを求めるしかない」

「済まんなあ。実は、母さんと兄貴夫婦からは、これまで八十万円の資金を出して貰っていてそれで繋いで来たんだ。父さんの遺族扶助料が主だと思う。公侍の十万は退職金か?」

「いや、自分の貯金と餞別で、退職金は出なかった。カネのことは事務所の人達といろいろ相談してみる」

「俺が工面する金も近日中に渡せると思うが借入限度で百万だ。それ以外に入る見込みは全くない。これからいつ何が起きるか判らんが違反だけは絶対ないように頼む」

「わが陣営から違反など出るわけないよ。それに山都の党のあの人達なら絶対大丈夫だ」

「そうだろう。ただ、あんなに反対した母さんが、いざ立つとなったら何も言わずに百パーセント支援してくれる……これには参った。こんなに迷惑をかけることになるとは、思ってもみなかったんだ」

「遺族扶助料の一括支給分を、貯金してたんじゃないの？　家のおふくろは偉いよ」

「母親ってそういうものなのかなあ。たとえ勝てても返せる当てはない」

深夜になって床に就いた。党の公認候補とは言うものの、選挙に要する資金が党から交付されるわけではない。社会党の場合はむしろすべてが候補者自身の肩にかかる。大衆カンパは確かにあるのだが、支出全体に占める割合がどのくらいになるのかは、その時々の選挙によっても異なる。つまり実際に入ってみなければ判らないカネなのである。

――大義名分が明確な行動である限りカネは必ず集まる。これからの運動次第だ。

私はそう信じて疑わなかった。

後援会への加入を呼びかけ、候補者を知ってもらうためのパンフレットを作ることになり、夜遅く帰宅してから原稿を書いた。生い立ちの記録と経歴だけの、顔写真入り一色刷り片面パンフである。

——このパンフだけでなく、全戸差し出し予定の年賀はがきなど、これからまだまだ印刷に回すものは出る。それだけでなく選挙カーや拡声装置一式といった大きな出費を要するものも目白押しだ。資金的に果たして戦い抜けるのだろうか。

金をかけるのではない。最低限必要な経費が、事前運動の段階からどうしてもかかるのである。そしてこれらの費用のうち、特に選挙カーやマイク一式の購入代金などは、法定選挙費用には含まれないことになっているのだから不可解だ。

したがって法定選挙費用の範囲内で、選挙戦の全支出を賄《まかな》うことは、何もかもゼロスタートの新人にとってなおのこと、最初から全く不可能なのである。資金の先行き不安に襲われるのも当然だった。

当時は乗用車もまだ高嶺《たかね》の花で、せいぜい一二五ccバイク（十二万五千円相当）が全盛の時代だった。そのため真冬ともなると、歩いて隣の町村へ行くには、勢い挨拶回りを終えた一番奥の集落から、山越えで次の集落へ移った方が早く着くことになる。天気のいい日を選んで、雪が入らないようゴム長の膝《ひざ》下あたりを縄で縛り、かんじきを履いてしっかり支度を整える。

山都町の藤巻から稲荷峠を越えて、西会津町の弥平四郎に抜けたことや、裏磐梯の凍った檜原湖をまっすぐ歩いて渡って、中の七里経由で二つの山を越え、北塩原村の大塩に出たこともあった。意気に感じて道案内に立ってくれた地元の支持者はさほど苦にもしなかったが、初めて体験する私にとってはまるで冬山登山そのものだった。

三、四メートルもの積雪に覆われた道なき急峻な山肌を、一歩一歩雪を踏み分け木々の枝々につかまりながら、二十五キロメートルにもわたって「ここを登った方が早い」との、その場その場の判断だけを頼りに強行突破するのである。

裏磐梯では途中から山の天候が急変、猛吹雪に見舞われて一歩間違えば遭難する恐怖に何度も襲われた。八時間もかかってようやく大塩にたどり着くと、到着予定時間より大幅に遅れたことを心配した北塩原村北山の親戚・武藤六郎が、自家用二トントラックで迎えに出ていて直ちに自宅へ運んでくれた。

かちかちに凍って脱ぐことも出来ない外套を着たまま、紐の解けないかんじきを付けて囲炉裏まで這って上がると、力が抜けてがっくり横になった。薪ストーブが真っ赤に燃えて外套《がいとう》から一斉に湯気が立つ。朦朧《もうろう》とした虚脱状態で熱いお茶をすすると、運動は文字通り命賭けであることを実感させられた。

選挙は告示期間中だけ、連呼や街頭演説をひと通りうまくやれば、それで当落が決まるような生易しいものではなかった。特に農山村では、候補者の何代にもわたる先祖や親兄弟、親戚の一人一人が裸にされ、散々ケチをつけられる。そのうえ資金はどのくらい準備したそうだとか、事務所の接待がいいとか悪いとか、自分にとって利用価値のある候補者であるかないかなど、およそ低次元なそろばんが勝手に弾かれ、いつの間にか村社会での優劣がつくのである。馬鹿馬鹿しい話だがこれが実態だった。

人間そのもの、考え方の中身で、まともに勝負をしようとする限り、こんな毎日を夜を日に継いで続ける以外に、当時としては新人の事前運動の方法もまたなかったのである。

展望は拓けた

1

年が明け、選挙の告示も二カ月後に迫っていた。

郡内を三周する挨拶回りを終えて、地元をはじめ各地域の支持者も次第に固まりをみせはじめ、小さな後援会結成に漕ぎつけた町村もあった。各労組からの推薦決定通知も順調に郵送されて来て、準備は最終段階だった。地元山都町の、大通り商店街に面した「中屋」を借りて、一、二階を選対本部兼選挙事務所に当てることも決まった。

山都町は、その昔宿場町として栄え、「中屋」はその名残を今に伝える古い宿屋の屋号である。本事務所が決まると自然に人の出入りも活発になった。

「おらあ、おめぇの話聞いで涙がこぼれだ。頑張ってくんつぇ」

「地元から立つ人だもの、党派など関係ねぇわ。みんなで応援すっからみっつらやってくんつぇよっ」

事務所に寄って、わざわざ声を掛けてくれる人もいて、ムードはかなりのものだった。しかし、朝から晩まで何をやっても手につかず、ただ心配に明け暮れていたのは中屋の女将《おかみ》、小沢トシだった。

「ほんに心配で心配で、じっとしていらんにぇ。さしかえねぇどぜぇがなあ」

「ここまでくれば、人を信じるしかありません。そんなに心配しないで下さい。選挙は百点か零点しかないのです。初めからそれを覚悟で出たんですから」

「事務所などを貸しておおごとしたど思うごどもあって、当選できればぜぇがそればっかすでなあ」

「心配かけて申し訳ありません。しかし本番はこれからです。頑張りますからもっと気を楽にして見ていて下さい」

ただならぬ心労の深さを、やせこけた顔に滲ませるトシの手を握って、私は詫びる思いでそう言った。

睡眠時間もろくにとれず、慌ただしい準備や詰めの運動が続いて体力も限界寸前に達した頃、ようやく選挙が告示された。昭和三十八（一九六三）年四月二日、投票日は同十七日で十五日間の実戦だ。

各町村単位の選対事務所・臨時電話、ポスターや本事務所の大看板、遊説日程時間表、ウグイス嬢のユニフォーム、拡声装置や看板を乗せた選挙カー、全部所にわたる人の配置などすべてが一応整った。選挙カーの運転はマイクの配線系統にも強い、本家のいとこ武清が買って出てくれて万全だった。

「さあ出陣だ」。陣営内の意気は、緊張感を伴っていやがうえにも高まった。

――よくもここまで来れたもんだ。母さんが反対し唐橋町長が示唆した通り、確かに俺は知らな過ぎた。しかしいよいよ決戦だ。苦労を共にしてくれた全ての人々、そして身内のみんなに今はただただ感謝するだけ。

私は感慨一入《ひとしお》の思いで、ここまでの足取りを振り返った。

大勢の人達が選挙事務所一杯に集まって、元気な第一声に盛んな拍手が湧いた。足で走り続けた昨日までとは違って、選挙カーに乗り込んでの運動はむしろ楽だった。腕を振りながらの連呼、街頭演説、道路に出てくる支持者と車から飛び降りての握手、夜の個人演説会、事務所に帰ってからの情勢分析まで、一日一日が忽《たちま》ちのうちに過ぎて行く。

——相手の運動と戦術がまるで見えない。こんな運動の進め方で果たして勝てるのか。どの集落の要所要所にも、固まるように集まって出ている人達は、少なくともわが方の支援者ではない。事前運動の最中、鉢合わせになったのは民社の生江候補くらいで、あとは影も形も見えなかった。一体自民党の候補者はどんな選挙をやっているのだろう？どうもおかしい。

日が経つにつれ不安は大きくなるばかりだった。

それでも、地域によっては凄く力強い反応を示して、思わず感激させられることもあって、万一の場合でも結構いい線には収まるとの手応えではあった。

磐梯町で街頭に立った私は、マイクを握りしめてこう訴えた。

「みなさん、私達のふるさと過疎農山村に、明日の希望があるでしょうか。鳴りもの入りで二年前、農業基本法が制定された当時、農家の多くは『農業もこれからはよくなる』と大きな期待を寄せました。しかし私達はあの時『いや違う。これは小農切り捨ての農基法だ』と主張して強く警告を発した筈です。目の前の現実をよく見て考えて下さい。どちらの主張が正しかったかはあまりにも明らかです。他産業と農林業の所得格差は開く一方であり、外国からの木材や食料の輸入増大で国内自給率は下がる一方です。農家の生活は厳しく、出稼ぎを余儀なくされ、後継者さえ都会へ流出する農村には、お嫁さんも来なくなったではありませんか。その上コメの過剰を背景に、生産調整政策の導入が囁《ささや》かれるに至っては、農家の人達が食糧の生産意欲そのものを失う結果を招くのも当然であり、過疎農山村が崩壊に向かうのもまた当然です。人口爆発の地球全体を考えれば、食糧の面でこの国の将来はまことに寒心に堪えないと言わざるを得ません。少なくとも一つの政党をいくら大きく強くしてみても、政治は決して良くならないことが実証されたのです。この期《ご》に及んで自民党が唱える中央直結の政治では、もうどうにもならなくなります。住民直結、生活直結の生きた政治を実現するために、どうか今度の選挙、佐藤公威をご支援下さい。私の父は敗戦直後のビルマで拳銃自決しました。残された乳飲み子を含む七人の母子《おやこ》は以来懸命に生きて来ました。そして私は、二度と再びこの悲劇を繰り返させてはならないとの信念で、父の遺志を受け継ぎふるさと耶麻郡から県議選に挑戦する決意を固めたのです。党派を超えて政治は人です。効率や競争、利益追求だけの政治では、小さな弱い者が生きていけなくなるのは自明の理です。佐藤公威と共にそんな政治の在り方を変えるために、どうかあなたの清潔なその一票で、佐藤公威を勝たせて下さい。心からお願い致します」

十人ほどの聴衆の中から、腰の曲がった体を杖に託した老婆が走り寄って、私の手のひらに百円玉を握らせると、

「必ず当選してくなんしょ」

と、激励した。黙って私を見上げるその表情と、手のひらの稲穂の垂れた百円玉の図柄を見ているうちに、涙が溢れてしまうのをどうすることも出来なかった。

——俺はこの人達の内なる期待に応えるために戦っている。頑張らなければ……。

選挙は理屈抜きに感動のドラマだった。

最終日を迎え、選挙カーは全町村の主な地区を最後のお願いに回った。必死の連呼に対する反応はどこでも決して悪くはなかった。手を振る人達がみんな「佐藤」と書いてくれるなら、当選も夢ではないとさえ思えた。最後の打上げ演説を前に、私は地元の一の木地区に入った。ちょうど夕食時間の頃と重なっていた。

声も嗄《か》れ果て腹から絞り出すような、最後のお願いと御礼の連呼を繰り返す私の叫びを聞いて、県道両側の家々からみるみる人が飛び出し、大きな声援を送って歓迎してくれた。

車窓から身を乗り出すように手を振って、車をゆっくり走らせると、ずっと一列に並んだ沿道の人々が、その手に群がるように寄って来て「よく頑張った」「ご苦労だった」「体は大丈夫か。早く休んでくんつぇよっ」と叫びながら力の限り手を握るのだった。目頭が熱くなって声も出ない。

――これほどまでに、家族同様初陣の俺を心配していてくれたんだ。地元の有り難さ、人の温かさが身に沁みて伝わってくる。物、カネ、力の選挙ではなくて、あらゆる妨害にも耐え、真正面から戦い抜いたことが無駄ではなかったんだ。

涙がとめどもなく頬を伝った。交互にマイクを握るウグイス嬢も、感動に震えて泣き叫びながらの最後のお願いになった。それを聞いて選挙カーに群がる村人達も、私の顔を見るなりみんなが泣いていた。

地元の人達の気持ちが、期せずしてひとつになって熱く高揚する異様な状況は、明日の結果がたとえどう出ようと、やるだけのことは全てやり抜き、臆《おく》せず堂々と戦い切った若き地元候補への、実は内なる驚きと感銘の証しだったのであろう。

さわやかな深い感動を残して、私の長く厳しい県議選初挑戦はようやく終わった。

2

事務所の前に集まった黒山の人達に、打ち上げの挨拶でお礼をのべたあと、ウグイス嬢や選対本部の一人一人と健闘を称え合う固い握手を交わした。

「いやあ武清君ご苦労だった。疲れたろう？　明日があるから早く帰って休んでくろ」

「うん、そうする。公威さん、実はおじんちゃが最近になって弱っちゃって、すこす気になっていたんだ」

「えっ、そうだったの、大丈夫？」

「大丈夫だべも、ただ歳が歳だから……早く帰ってみる。明日は投票日だがら夜六時頃こごさ来るごとにすっから」

「うん、待ってる。おじんちゃに公威は元気に戦い終えたと宜しく伝えてくろ。当選出来ればいいがなあ」

「したがえ（だからさ）、それだげだ」

――方々でポスターが破り捨てられ、脅しの妨害も何度となく受けたが、最後まで支え励まし続けてくれた皆さんに、今は心から感謝するだけだ。

久方ぶりの解放感はあった。だが不安は拭おうにも拭えなかった。まんじりともせず投票日の朝を迎えていた。

「まな板の鯉とは、よく言ったもんだ」

と、公侍が笑いながら起きて来た。まずは投票を済ませようと、二人で玄関を出ようとしたちょうどその時だった。町営住宅の赤電話を管理していた隣家の宮崎が、窓から

顔を出して、

「公威君、電話が入っている」

と告げた。すぐ受話器を取ると、実家の武清だった。

「公威さん。おじんちゃが今朝三時三十分、亡くなった」

「なにっ！　投票したら真っすぐ行く」

公侍と共にタクシーを飛ばした。すでに近所の人達が大勢手伝いに来ていた。叔父の武雄と武清の話を総合すると、祖父の清記は息を引きとる直前、こうつぶやいて微かに笑ったと言う。

「公威のビラがいっぱい見える。道路も公威でいっぱいだ……」

投票日の夜明け前に、結果を知ることもなく八十三歳の生涯を老衰で閉じた祖父と対面した。痩せ衰えた穏やかな顔が、坊主刈りの短い白髪と、口の周りや頬を覆う白い髭《ひげ》を際立たせてとても小さく見えた。

思えば若くしてこの家の養子に入り、四人の子を抱えて夫婦で散々働いたあげく、稲の葉で失明した妻を看《み》ながら、苦労に苦労を重ねた祖父だった。謹厳実直を地で行く人だったが、一体何を喜びとし、何を楽しみとした生涯だったのであろう。

柩《ひつぎ》の側で、それから数カ月後亡くなる運命にあったナミが、背中を丸めて寄り添う姿を見ているうちに、昔から百姓で一生を終えた人の、もの悲しい宿命の轍《わだち》を見る思いがして一層胸が熱くなった。

——おそらくは最後になって、孫の選挙結果が心配でたまらずに寿命を縮めたのであろう。こんな日に、目の不自由なおばんちゃを残して逝っちゃうなんてどうしてなんだ。

激しい自責の念が胸を突き抜け、不吉な予感が脳裡をよぎる。投票日の緊張感が、まさに音を立てて崩れ、私は祖母の肩に手を置いたまま泣き出したい心境だった。しかしたとえ何があっても、今日だけは取り乱してはならないのだと、辛うじてこみ上げる激情を抑え込んだ。


開票が進んで当選者が次々に決まる。

結果は、現職の小林と山口に、新人の高橋が滑り込んで、三議席共自民党の独占に終わった。私の得票は六千五百四十四票、民社の現職生江との共倒れだった。

冷静に考えれば、党の分裂がもたらした当然の結果である。

前回、社会党の公認でトップ当選を果たした時の生江の得票と、今回の二人の得票合計一万四千余票を比較すると、今回の方が二千票も上回っている。加えて一、二位の小林と山口の得票が共に九千票台、三位当選の高橋が八千票台だったことからすると、次期改選期に民社党が出馬を断念すれば、展望は大きく開けることになる。あと一歩に迫ったわが方の善戦は、その若さと勢いからして、次期の可能性を最大限約束させるものとなったのである。

事務所に詰めかけ開票速報を見守る熱心な支持者を前に、ほぼ当落決定の段階で私は挨拶に立った。

「多くのみなさんに支えて戴き、戦い抜くことの出来た初挑戦でしたが、結果としてお報い出来なかったことを思うとまさに断腸の思いで一杯です。しかし今度の戦いは次期へ道を拓く立派なものでした。この点心から御礼を申し上げ、次回こそは必ず皆さんのご期待に応えたいと考えます。どうか変わらざるご支援の程心からお願い申し上げ、感動を与えて下さった多くの皆様に、深く感謝の誠を捧げてご挨拶と致します」

私の敗戦の弁は、次期への気迫を込めた再挑戦宣言だった。しかし、積み重ねて来た努力の全てが一瞬にして無に帰するのが落選だ。何を言っても余韻《よいん》は空しい。

黒山の人だかりがいつの間にか消え去った事務所で、目の開かない達磨《だるま》の側にあぐらをかいた私は、落選とはどういうものかを冷徹に教えられる思いがした。

「おーい、事務所のみなさん。今夜は飲み明かそう」

「兄貴、そんなこと言ったって、落選の時は駄目なもんだ。候補者は早く家へ帰って休んだ方がいい」

「そういうもんだなあ。俺、一足先に帰ってるから公侍もなるべく早く帰って来い」

「うん、恵美ちゃんと行くから」

選挙カーで家へ向かう途中も、町に人影は全くなかった。夜のしじまとそこに住む地元の人々が、ことさら失望に沈んでいるように思えてやけに胸が痛む。

「武清君、済まなかった。おじんちゃのことで忙しいのに来てもらって……」

「がっかりはすたけど、俺はいい選挙だったと思う。あれだけの人々があれだけの応援をすてくれたんだ。特に地元の人達は凄がった」

「感動させられたもんなあ。これを無にしたら罰《ばち》があたる。明日からまた頑張るだけだ」

「後さつながらない雰囲気はどこさ行っても全く無がった」

「次回も選車の運転、懲《こ》りずにやるか」

「もつろんやる。今度は覚えだし俺でなければ出来ねぇど思う」

「そうか、有り難う。早く帰った方がいい、叔父さんも待ってるだろう。お葬式はいつになったの？」

「あさっての午後一時だと言ってた」

武清が帰ってしばらくして、公侍が一人で帰宅した。

「あれ、恵美ちゃんは？」

「武清さんの車と途中で会って、一緒に自宅へ帰った」

「そうか、彼女も泣いてたもんなあ。可哀相なことをして本当に済まないと思う」

「いやいや、あれから事務所のみんなでいろいろ話したけど、これで展望が拓《ひら》けたと言って結構明るかった。社会党の人達はさすがだなあと思った」

「そうか、そんならよかった。誰ひとり愚痴も言わず、寝ずの運動だったんだ。後援会の人達もさぞかし大変だったと思う」

「兄貴、選挙資金のことだけど、結局、個人カンパが予想以上に集まって、母さんや兄弟からのカンパを合わせると、すべて間に合いそうだ」

「えっ、支払いは全部終わったのか」

「殆ど終わった。当落が判明する前にケリをつけたんだ」

「それはよくやってくれた。しかし個人カンパがそんなに集まるとは驚きだ」

「なにしろコメや野菜、肉、味噌、卵、天ぷら、漬物、お菓子、アサツキ一俵まで、個人カンパといっても中身は種々雑多なんだ」

「へえー。こんな選挙ってあるのかなあ」

「買収、供応一切なしの手弁当選挙が共感を呼んだんだ。一人一人が草の根運動で候補者を支えた。兄貴の人徳だと思う」

「親が教えてくれた生き方だろう。俺は親父に代わって戦ったんだ。落ちたけど父さんはきっと喜んでくれていると思う」

「次は必ず当選だ。特に一の木後援会の人達と親戚・家族の応援には驚いた」

「うん、顧みると本当に泣けてくる。公侍、お前顔色が悪いけど体は大丈夫か」

「俺はどこもなんともない。ただおじんちゃの急逝がショックだった」

「全くだ。俺が寿命を縮めさせたみたいで辛くてしょうがない。いろいろ考えていたんだが、お前、民友に入る気はないか」

「兄貴は辞めるつもり?」

「当然辞めるしかない。まあ俺の代りではないが、辞めるに際して会社にお前のこと頼んでみようかと思ってる」

「入れるなら、それでもいいけど」

「それとも、俺と一緒に慣れたところで運動を続けるか、どっちがいい? まあ当分はここで疲れを取ることだが」

「いろんな人と知り合って、去り難い気持ちであることは確かだ。ただその場合、飯の種はどうするつもり?」

「今すぐ当てはない。しかし、『天は自ら助くる者を助く』で、何でもやる気になれば道は自ずから開ける。心配するな」

二人の話は明け方まで続いた。仮眠をとって起きてみると、公侍は死んだように眠っていた。目をさます様子もなかった。

——相当疲れたに違いない。挨拶回りは一人でも出来る。そっと寝かせておくことだ。

私は、書き置きを残して家を出た。

3

民友新聞社に辞表を提出したのは、祖父の葬儀が済んだ次の日だった。松坂編集局長からの呼び出しで役員室に入った。

「ご苦労だった。初回にしては善戦だったじゃないか。当然次回を狙うつもりだろう?」

「はい、そう考えて辞表を書きました」

「公正たるべき新聞報道に携わる記者が、特定政党の公認候補として選挙を戦った以上、落ちたからまた戻って記者を続けるというのは新聞倫理綱領に照らしてもまずい。それに四年後はまた同じ立場で出馬するとあってはなおのことだ。それで佐藤君、行政担当員にならんか。つまり営業局への転出だ。落選で職も失い職安通いはないだろう。どうだね」

「入社時からの重ね重ねのご厚情に、ただただ感謝するだけです。しかし、これ以上局長にご迷惑はかけられないと思い、休職にさせて戴いた時から、落選したら即座に辞職するつもりでした」

「それで、新しい仕事の当てはあるのか」

「ありませんが、何でもやるつもりです」

「そんならここで担当員をやれよ。実は和田営業局長とも相談したんだが、和田君は君なら採りたいと言うんだ」

「……」

団交で対決を繰り返し、何度となく局長を辛い立場に追い込んだのに、こうまでも社員を思いやる松坂専務の温情に触れて、私は目頭を熱くして言葉を失った。

それを察したかのように松坂が、ひとつ間をおいてからデスクの受話器を取った。

「松坂だが和田局長はおったかね。ちょっと急な話があるんですぐ役員室へおいで願いたいんだ。そう伝えてくれ」

　受話器を置くと松坂は急いでこう言った。

「佐藤君、変な遠慮はするな。すぐ和田君が来るから素直に宜しく頼むと言えばいい。僕は途中で席をはずす。いいな」

　和田営業局長がさっとドアを開けて入って来た。

「おお佐藤君か、大健闘だったが残念だったなあ」

「一連の話はしたんだが、ここからは和田局長の方がいいと思いましてねえ、忙しいところ恐縮です。佐藤君が申し訳がないと言って辞表を出したんですよ」

「そんなことでは次回も当選は出来んぞ。人生に苦難はつきものだ。あんまり自分をいじめてはいかん。松坂局長の言う通りだ」

「それじゃあ僕は席をはずします。後は宜しく頼みます」

　松坂局長はそう言い残すと部屋を出て行った。

「お忙しいところを、本当に申し訳ありません」

「松つぁんから聞いたと思うけど、君には担当員をやってもらう。編集から見れば、営業は一段下だと思うかも知れんが、銭《ぜに》がなくて飯が食えるかねぇ。選挙だって文なしでは戦えないんだ。それと同じで、新聞社も記事だけでは成り立たん。発行部数も最近は民報と肩を並べるデッドヒートを展開中だ。佐藤君のような活《い》きのいいのに来てもらって、一気に二十万部と行きたい。この際悪いようにはせんから俺のところで力を発揮してくれ」

「私は次期県議選にも出るつもりです。ご迷惑をおかけして、これ以上温情に甘えるのは良くないと考え、辞めることにしました」

「佐藤君、営業に報道倫理は適用されん。要は君のような人が欲しいと言っているのに、それを断わるようでは男じゃないよ。次回は当然戦うべきだし、その時はその時じゃないか。とにかく俺のところへ来いよ」

「そうまで言われますと言葉はありません」

私の民友新聞社への復職は、こと志とは違って、またしても松坂編集局長、そして和田営業局長の強い説得によって本決まりになったのだった。

営業局長の和田は、編集局長の松坂と肩を並べる民友の看板重役で、読売新聞社の販売畑から、民友新聞社へ出向となったその道のエキスパート。野人肌で弁舌冴《さ》える実力者として、業界ではかなり有名な存在だった。

販売部の担当員は、県内全地域の新聞販売店を常時巡回督励し、主に販売部数の拡大、販売店の経営管理と増設・統廃合、購読代金の徴収業務などを行う。会津地区担当となった私にとっては、自宅を拠点に常時出歩く仕事なので何かと好都合だった。

営業局次長の吉田、販売部長の上山、副部長の斎藤ら、新聞の発行部数で他社としのぎを削る勝負師達は、選挙の勝負にも並々ならぬ関心をもっていて、実際の選挙を候補者として戦った私を、まるで博奕《ばくち》打ちの胴元が仲間として乗り込んで来たかのような雰囲気で歓迎した。勝負師的な資質がなければ、販売担当員は勤まらないからだろう。

つまり販売部の仕事は選挙と同じで、ライバル同士が同じ区域で自社の発行部数を一部でも増やすために激しく争う。気を抜けば必ず対抗紙に先行を許すことになる。人と物とカネが入り乱れての縄張り争いなのである。全国を股にかけて歩く拡張団員に、鍋や洗剤など家庭の日用品を無差別大量に使わせての、仁義なき読者争奪戦争も熾烈《しれつ》だった。

しかし私は、対抗紙も同じ戦術を採る以上、策を弄《ろう》するよりは人間関係が土台になる筈だと考え、仲間と共に信頼を得るための地道な作戦を駆使してかなりの成績を挙げていた。仕事で気を吐いていた頃、結局は公侍も広告部の内勤に採用されることが本決まりになった。次期県議選に向けた地元の運動を、公侍ひとりに任せるなどは、とうてい無理だと判断した私が、社に請願した結果だった。

喜びと悲しみ

1

私は記者時代に多くの人々と親交をもった。ある日、福島市内の街角で偶然会った県教職員組合の婦人部長・高田琴子が声をかけた。婦人代議士候補のひとりとして、名前が挙がったことのある人だった。

「あなた、県会に出るなら奥さんがいなければ駄目よ。推薦できる人がいるんだけど家に遊びにいらっしゃいよ」

「突然の話で戸惑いますが、そのうち折をみてご連絡の上お伺いします。高田先生のお宅は、確か三河町でしたよね？」

琴子に言われるまでもなく、結婚は確かに急がなければならない実情にあった。

一週間ほど経って、私は約束通り高田邸を訪ねた。近代的な邸宅の玄関から、綺麗な応接間に通されるまでのそこかしこに、生活の年輪を感じさせる古い家具や調度品が並んでいる。

「私、聞いてみたいと思ってたけど、貴方はどうして今まで結婚されなかったの？」

「女性は果たして、信ずるに足るものかどうかについて深く疑問を持ったからです」

「あら、大恋愛で失恋でもしたってこと？」

「はっきり具体的なお話をすれば判って戴ける筈ですが、相手に傷のつくことで申し上げたくありません。しかし大体はそんなところです」

「無理に聞かなくてもいいわ。ただ私も人様をご紹介申し上げる以上は、いい加減にお話を進めるわけにもいかないの。そう思ってお聞きしたまでよ」

「いや当然です。しかし、私自身もいい加減な生き方だけはして来ませんでした」

琴子はコーヒーを入れながら、私の生真面目さに驚くような眼差しを向けた。

「あのね、私が紹介する人は全電通福島支部の教宣部長なの。そういう人には興味は持てない？」

「いや、誰であろうと人間の問題です」

「斎藤陽子さんと言うんだけど、運動に理解のない人では、あなたのこれからを考えても駄目だと思ったの」

「確かに選挙の実態は想像を遥かに超えるもので、妻たる立場ではなおのこと、普通の女性にはとても耐えられないと思います」

「実は、別室に斎藤さんをお呼びして待って戴いてるの。直接話し合ってみて下さい。子供のお見合いではないのだし、その方が率直でいいと思ったのよ」

「えっ、そうなんですか。私は別に構いませんが、相手の方はこの私を、ご存知なんでしょうか」

「一応のお話はちゃんとしてあるわ。お呼びして来ますからちょっと待ってて下さい」

私は、とんでもないことになったと思った。しかし相手はそれを承知で来ているとあっては逃げ出すわけにも行かなかった。結局は事実上の見合いであった。

「佐藤です。お父さんはお勤めですか」

「はい。飯坂の平野にある農林省蚕糸試験場東北支場に勤めています」

意外にも喜一郎と同じ職種の国家公務員だった。ただそれだけのことで急に話がはずんだ。縁とはまか不思議なものである。

「ご兄弟は?」

「男四人に女が二人。私は長女です」

「あれっ、私も六人です。家は男五人に女が妹の一人だけ。私は次男です。おふくろさんはお元気ですか」

「ええ、元気です。家族はみんな平野の官舎に一緒におります」

偶然が重なり過ぎて、いつの間にか高田琴子は席をはずしていた。

この日を境に二人の交際が始まり、二カ月後の昭和四十(一九六五)年一月八日、二人は超スピード結婚に漕ぎつけた。媒酌人を引き受けてくれたのは当時喜多方市選出の県議会議員で、後に代議士を経て永く喜多方市長を務めた唐橋東夫妻であった。

陽子は電電公社会津若松電報電話局への転勤が許可され、山都町の町営住宅を新居とする二人の新しい生活がスタートした。

2

公侍が体調を崩して福島市の大原総合病院に入院したとの知らせが、兄公基からあったのはそれから間もなくで四月の上旬だった。胸騒ぎを覚えながら車を飛ばして行ってみると、病床に横たわる公侍は、一目で死期迫る重体であることが推察できた。

異常に膨《ふく》れあがった太鼓腹に、太い注射針が直角に突き刺してあって、ビニールの管からベッドの下のガラスの容器に、茶色の腹水がぽたぽた流れ落ちている。枕元に範子が心配そうに付き添っていた。

「公侍どうした。苦しいのか」

思わず問いかけると、がっくり頬がこけて苦痛に歪む灰色の顔が少し動いて、微かに目を開けた。愕然《がくぜん》として声も出ない。範子と病室を出て様子を聞いた。

「三日程前ふらふらになって帰って来て、ここで診てもらったら即入院になったの」

「診断の結果は何だって？」

「それが膵臓癌《がん》の末期で、病状は重いと言うの」

「ええっ、そうなの……以前から何となく顔色が悪くて、俺も気になって聞いたことがあった。膵臓癌……」

「小さな孫たちの世話もあって、毎日来てやれないから可哀相で」

「うん、何とかする。母さん、ここの医者大丈夫なの？」

「今は動かせないし、別な病院へ行くとも言えないわよ」

「あれではそうだよなあ」

見ているだけで辛く悲しみのつのる時間が過ぎていく。夜になって駆けつけた兄弟が森合の家に集まった。勤務を終えた陽子も電車で福島に着き、病院で公侍を見舞ってから森合に合流した。誰もがショックを受けてしばらくは無言だった。

「公侍はなぜもっと早く、医者に診てもらわなかったんだろう。自分の体だもの何か異常は感じた筈なのに」

私がひとり言で呟いた。

「癌は自覚症状もないと言うだろう。今となっては見守るしかないのが辛い」

「兄貴、付き添いは毎日必要だ。母さんだけでなく兄弟の割り振りも決めよう」

「みんな勤めがあるから休暇の取れるところで決めるか。母さんが疲れを起こしたら大変だ。男も入れて全員交替にする」

「こんなこと言っては公侍に悪いのだが、今日病室へ行って会った時に、公侍は今月の二十二日に亡くなると思った」

「なぜ？」

「いや、それは俺にも判らん。直感的にそう思った。四月二十二日は俺の誕生日なんだ」

「……」

兄弟が交替で付き添う日が続いた。しかし公侍の容態はみんなの祈りも空しく日増しに悪化の一途を辿った。私に付き添いの順番が回ってきたのは偶然にも四月二十二日だった。そしてそれは昼過ぎに起きた。公侍が一瞬苦しそうに顔を歪《ゆが》めた。

「どうした公侍、先生を呼ぶか」

もとより返事はなかった。両手で万歳をするように、ベッドの鉄パイプを握ってのけぞるような仕草を見せた。鉄パイプの手のひらが力なくひらいた時、公侍はこくんと首を折るように元の寝姿に戻り、それっきり動かなくなった。私は慌てて医師を呼んだ。公基に電話を入れると病室へ飛んで引き返した。医師と看護婦が五人程来ていて、深刻な表情で公侍を診察していた。

「お兄さんですね？　ご臨終です」

枕元に立ったままになった医師が、低い声でそう告げたのはそれから間もなくだった。

――公侍っ、なぜ死んじゃうんだよ。まだ選挙に勝っていないじゃないか。なぜ俺の誕生日に、ずっと若いお前が先に逝っちゃうんだよ。公侍っ、公侍ったら、死なないでくれよ頼むから。好きな人がいて結婚するって言ってたじゃないか……。

内なる悲痛な叫びだった。私は、四人部屋を白いカーテン一枚で仕切られた公侍の側で、耐え切れずに声を立てて泣いた。あまりにも短過ぎる公侍二十五年の生涯は、残酷な病魔に侵されての、あっという間の終焉《しゅうえん》であった。

さらさらと綺麗に伸びた髪の毛だけが、まるで生きているかのように光っていた。

四章

躍動

父の遺志実現

1

出産のため会津若松市の竹田総合病院に入院していた陽子が、無事長女を出産したのはその年の十月三十一日だった。

握りしめた小さな拳《こぶし》をくりくり動かしながら、白いネルのうぶ着に包まれた長女と、新生児室のガラス戸越しに対面した。まるで神様にでも会うような不思議な心境だった。幸い母子共に異常はなく、前後一週間で退院出来た。真理と命名、どちらかと言えば手のかからないおとなしい子で育った。

共働きであるうえ、私は次期県議選のことで日夜忙しく動き回っていたため、三人でのんびりする暇は殆どなかった。

陽子の職場復帰に際しては、真理を預かってくれる人を探すのに頭を痛めたが、近所で新聞販売店を経営し、すでに六人の子育てを終えていた鈴木ヨシノが、託児を快諾してくれたことで悩みは忽ち解消した。私の先行きに不安がつきまとうわが家にあって、陽子がぎりぎりまで勤務を続けるつもりになったのも、やむを得ないことだった。

県議選の本格的な準備を進めるため、公侍亡きあと、この辺で本格的な運動を始めなければ間に合わなくなると判断した私が、民友新聞社を円満退社したのは同じ年の十二月三十一日だった。

次期県議選告知までの期間は一年四カ月である。県労働組合協議会(略称県労協)のオルグとして、喜多方・耶麻地方を担当することがすでに決まっていての退職だった。

県労協は加盟組合員十万人を誇る県内最大の労働組織で、議長は山都町に隣接する高郷村出身の県教組所属和田敬久が務めていた。

村田秀三前県労協議長が参議院議員に当選した後を受けて、和田が県労協の新しい議長に選任されたばかりの頃だった。県労働界の重鎮として、当時は文字通り飛ぶ鳥を落とす勢いで大衆運動の先頭に立っていた。

県政記者や民友労組時代からのつきあいがあり、県労協が推薦する次期県議選候補者の一人にもなっていた私を、オルグとして起用し、選挙区内各労組票を固めると共に、必勝体制を確立させたいというのが和田の真意だった。社会党の議席増が、そのまま県労協の政治的影響力拡大にも直結する時代だったのである。

活動の拠点を喜多方地区労働組合協議会（略称喜多方地区労・加盟二千人）に置き、バイクを駆使しての労組回りから活動が開始された。

労働運動が生き生きと活力に溢れる展開をみせる時代は、労働条件が全ての面で劣悪な現状にあることを物語る。特に中小零細企業で働く人達は気の毒だった。

曲がりなりにも労働組合がある職場はまだいい方で、殆どの企業には組合すらなく、経営者の言いなりに働かされていた。だが経営者は儲けを独り占めにしているのかとなると必ずしもそうではなく、絶えず運転資金や仕事そのものをどう繋《つな》ぐかで、青くなって日々飛び回っているというのが実態だった。

勢いオルグの任務と責任は、労使双方が現状を脱却するにはどうすればいいのかを具体的に明示して、ある意味では側面的な経営指導も出来なければオルグとは言い難い。自らの力不足を、深刻に思い知らされることが多かった。

喜多方地区労で同じ任務についていた富山清光とコンビを組んで、絶えず行動を共にしたが、二人はいつの間にか中小零細企業専門オルグになっていた。当事者能力のある大きな労組は自主解決が出来るのだから、われわれはこの分野に徹してやって行こうと割り切っての活動だった。

しかし経営者の中には、組合側がいくら誠意を示しても、無責任な言動に終始する人や横暴極まる人もいる。組合側から団体交渉権の委任を受けて徹夜交渉の末、賃上げスト突入寸前になって解決をみたこともあった。

苦悩させられたのは、最初から地方の安い労働力を当て込んで、中央から地方に工場を進出させた企業の労使間紛争だった。ともすると「こんなに労働攻勢が激しくては、とても採算ベースは維持出来ない」として、さっさと撤退してしまうケースが出るのである。

経済の二重構造や産業分野の業種別多重構造、下請け単価、孫請け単価の厳しさなどに由来する問題で、これをどう解決するかは、一オルグの限界を遥かに超える政治の問題だった。最低賃金法は施行されてはいたが、あくまでも業者間協定に基づく自主的最低賃金制度だったのである。

私は、どうにもならない壁を痛感させられると共に、この現状を打開するには一日も早く、直接政策決定の場に実態と課題を持ち込んで、政治的に抜本策を講ずる以外に道はないと考えるようになっていた。

2

年が明けて、いよいよ第二ラウンド決戦の時が迫っていた。準備も順調で前回とはまるで違った雰囲気になっていた。

選挙事務所は前回の「中屋」とは筋向かいの「角屋」に決まり、元全逓組合員だった私を、準組織内推薦候補とした全逓からは、渡部勝地区本部執行委員が組合の専従参謀として派遣された。公侍の代わりには、福島大学経済学部の四年生だった五男の公平が手伝いに来ていて布陣は万全だった。

各町村の後援会組織も格段と整備され、二月の段階で選挙区をひとつに束ねた耶麻連合後援会が結成された。会長には全会一致で白羽の矢が立った笠間玄二元県立山都高校校長が「教え子のために」と、就任を快諾してくれたことで体制には一段と重味も加わった。下馬評による顔触れは確定的だった。

自民党が五選を目指す現職の山口一男（熱塩加納村）と再選を目指す高橋義雄（西会津町）。前回まで連続当選を重ねた猪苗代町の小林七之助が勇退を表明したことで、選挙区最大の有権者を抱える同町からは、共に町議の二人が名乗りを上げ、調整がつかないまま保守系無所属の佐藤光信と関沢潤一郎が立つことになった。前回落選した民社党と共産党は共に出馬を断念したため、候補者は前回より一人少ない五人で、三議席を争う選挙になる見通しだ。

最初から「山口、高橋、佐藤が優勢。猪苗代の二人は共倒れの公算が大きく、まずは無風選挙区である」などと新聞が書き立てたこともあって、体制の引き締めをどうはかるかでかえって難しい選挙になった。しかし実際に運動を進めてみると、座談会や各町村後援会の集会など全てがまずは順調で、前回とは手応えも違っていた。

選挙は不思議なもので、これはいけそうだとなると、人もカンパも運動も全てがスムーズに回転する。陣営内の活気は日毎に高まりを見せた。何よりも大きな変化は、前回の歩く事前運動が車で走る事前運動に変わったことだった。車は私の退職金で購入した四十万円の中古車、ニッサン・ダットサンのバンだった。

その日の行動予定を消化し終えると候補者は必ず事務所に戻る。遅くなって帰りが真夜中になる日でも、全逓の渡部と公平だけは帰りを待っていた。

「ご苦労さんでした。今日は新聞記者がわんさと来て、いろんな情報が入った」

「ほう、それでどんな具合でした」

「いや、順位は別だが当選は間違いないと言うのさ。俺は、そんなことばかり書くなと言ってやった。楽観論が先行すると体制が締まらなくなって困る」

「全くだ。なぜそんなことばかり書くのかなあ。最近は、新聞が戦う前から当落を決めてしまう傾向にある。それで相手の動きについてはどう言ってました？」

「猪苗代の二人の喧嘩が凄いと言っていた。山口、高橋は安定で社会党がこれにどう肉薄するかが焦点だと言うんだ」

「さっぱり動きの見えない自民党の二人がなぜ安定なのかが判らん。どんな戦術を使っているんだろう？　四年前も同じで、開けてみたらちゃんと票が入っていた」

「政権与党だもの、上からの権力、横に繋がる利権とボスを摑んでの殿様選挙なんだろうよ。記者もそれらしいことを言っていた」

「いやになるなあ。結局庶民が起っても選挙には勝てないことになる」

「最後まで締めてかかって、たとえ相手がどうあれ我が方は真正面から勝負をしたい。もう少しだから候補者も頑張って欲しい」

事務所に泊まり込みで指揮をとる全逓の渡部は、度胸の据わった表情をみせながら実に淡々としていた。

昭和四十二（一九六七）年三月三十一日、第六回県議会議員選挙が告示された。投票日は四月十五日である。新聞の無風選挙区報道が影響したのか表面的には凄く静かな選挙だった。

立候補届を提出するため、喜多方の県耶麻地方事務所へ向かった人達から、受付順位は「四番だ」と電話が入った。誰よりも早くポスターを貼り出す都合と、選挙の報道が全て届出順になること、どの候補者も縁起をかついで一番を希望することなどから、一刻も早く知りたがるのがこの届出順位だ。

「順位は四番です。ポスター部隊のみなさんは証紙が届き次第、かねて打ち合わせの通り宜しくお願いします」

ひときわかん高い声が事務所全体に響きわたる。

「よし、判った」

「四番は縁起がよくないなあ。死んでは駄目だハハハ」

「各町村選対にも電話を入れろ！」

ひとしきり騒然となって、若い人達だけで編成されたポスター部隊が、一足早く到着した証紙を手に、慌ただしくそれぞれの担当地区毎に事務所を飛び出して行った。県議会議員選挙の場合、ポスターの枚数は一候補者に付き一千二百枚である。当時はまだ公営掲示板がなく、戸別に了解を得て全部のポスターを最も効果的な場所に貼り終えるのは容易な作業ではなかった。

喜多方警察署で、看板を乗せた選挙カーが規定に合致するかどうかのチェックを受け、

ＯＫを取って戻って来た。運転はもちろん武清である。やがて各種標識、許可証など、選挙の七つ道具と言われるものを県の選管から受け取った人達も事務所に到着して、いよいよ出陣となる。名入りのたすきをピンで止め、選管から交付された白いリボンを胸に付けると気持ちも引き締まった。

必勝祈願のお祓《はら》いを受けたあと、事務所前の第一声は黒山の人を集めて行われた。

選対責任者の田代光雄町議が司会を務め、まず笠間玄一選挙事務長、次いで駆けつけた村田秀三参議院議員、候補者の順にマイクを握る。笠間会長の挨拶が終わって村田参議院議員が激励に立った時だった。聴衆の中から一人の若い女性が、足早に私の側に駆け寄った。

「公威さん、このきりは、なんたって当選してくんつぇよ。おら、近くの鎮守さ願かげで毎朝早くおがもしてんだがらし。これお守りだからポッケさ入れでおいでくなんしょ」

「あれっ！　康子姉でねぇの。なんつぅしばらぐでした」

『馬づくり場』を思い出して、私が吹き出すように言った。

「康子姉は今どこに居るの？」

「おれ、喜多方の人ど一緒になって、子めらも二人になったす。公威さんはおれさ黙って仙台の学校さ行っつまってよーハハハ」

「あの頃は何とも若過ぎでがらに、話をする勇気もねがったわいハハハ」

「応援すてっから、みっつら頑張って当選しらんしょよ」

いきなり手を握り締めると、康子は人混みの中に消えた。マイクを握る第一声にも力がこもった。

「今この場で、村の鎮守に願かけて、毎朝必勝を祈願していると言われる喜多方の女性から、このお守りを戴きました。過疎農山村にはたとえ都会の華やかさはなくても、人の心の温かさと自然の豊かさは溢れて健在です。私は人の世で一番大事なものが何であるのかを政治が見失わないよう、ひたすら人間と自然の尊厳を取り戻すために全力を尽くします。このお守りを胸にこの十五日間、再び起って真正面から戦いを挑む佐藤公威に、どうか心ある皆々様の、温かいお力添えを賜りますよう切にお願い申し上げます。只今から元気に出発します。本日はお忙しい中を、かくも多くの方々にお集まり戴きまして、本当に有り難うございました」

どっと歓声と拍手が沸いた。みんなが押し寄せるように選挙カーを取り囲み、興奮状態で激励を繰り返す。スタートから雰囲気は最高だった。

「わがは、選挙ではおなごにもでんだもなあ」

側に立って様子を見ていた同級生の田中忠行が、嬉しそうに話しかけた。

「わがも分がんべぇ？　あれ高野原の康子姉だぞ。わざわざ喜多方の嫁ぎ先からおらどご激励さ来ただど。感激すっつまぁなー」

「ああそうが、どうりで見たごどのあるおなごだど思った。相変わらじいいおなごだすた」

「すたがえ」

顔を見合わせてにっこりすると、私は気持ちを切り替えるように選挙カーに乗り込み「さあ出発だ」と車内に気合いを入れた。

3

わが方の選挙カーには随行車が一台付くだけだ。道案内の車は各町村選対がリレー式にそれぞれの守備範囲を時間割り通りにこまかく先導する。途中街頭演説を指示されれば言われた通りに時間一杯声を張り上げる。

個人演説会はなかなかの盛況で、一晩に三か所の日もざらにあった。衆議院議員に当選したばかりだった唐橋東も応援弁士を買って出て、どこでも手応えは充分だった。

熱弁が続いて声がすっかり潰《つぶ》れ、日が経つにつれ力むと腹筋が痛くなっていた。武清の運転する選挙カーは、候補者もウグイス嬢も全員の呼吸がぴったりで、山越えの人のいない山中では、連呼の代わりにみんなで演歌を合唱して走る余裕すらあった。

「こんな気分の選挙って珍しいよなあ？」

前回の選挙を経験していたウグイス嬢の折笠栄子が、みんなにそう問いかけた。同乗の小椋秀子も前回は悔しい思いをした一人だ。彼女達にとって、人家のない山中はつかの間の休憩時間で、こんな時でもないと拡声装置のある車内ではスイッチを切らない限り自由には喋れない。

「こんどは絶対勝てると思う。どこへ行ってもこの前とは全然違って、確かな手応えが私達にも伝わって来る」

「おらもそう思ってだ。公威さん、今回は当選だから」

「当選したら、みんなで県庁さ行って演説聞くべぇ」

「公威さんの演説は、いつ聞いてもばっつすだもんなあ」

「おら聞いでるうちに、いちも涙がこぼれでくる。泣がしぇる演説をさしぇだら、公威さんにかなう人はいねぇ」

「心に滲みるあんなお話が、どうすれば出来るのか教えて欲しいと思う」

喋り始めたら終わりはない。今回初めてウグイス嬢を務める上野りえと小林サチ子も、楽しくてしょうがない様子だ。いずれも優れたアナウンスを流して、相手候補のそれを完全に圧倒していた。

「みんなの勘が当たればいいが。雰囲気は悪くないけど、開けてみたら案外駄目だったなんてこともある」

「いや、絶対当選する。間違いねぇがらみらんしょ」

「当選したら、このコンビで選挙運動請負会社でも作ろうか」

「うう、それがいい。公威さんの社長なら絶対にうける」

みんなで冗談の限りを尽くして大笑いになった。こうなると選挙ほど楽しいものはない。最後のお願い連呼でウグイス嬢が、感情を込めて涙ながらに訴えるようになるのは、運動期間中に選挙カーの中でこうした会話が数多くあって、運命共同体的一体感が醸成されるからだ。

最終日は前回以上の盛り上がりをみせ、やっぱり涙、感動、涙の連続だった。事務所のみんなが拍手で迎えた。

「ご苦労さんでした。早くご飯を食べて下さい。こっち、こっち……」

「大変お世話になりました。有り難うございました」

選挙カーの一行が事務所に入ると、また拍手が起きて歓迎攻めだった。どの顔にも自信が漲《みなぎ》っているように見える。

渡部参謀の手招きで奥の部屋に入った。

「ご苦労様でした。無事終わったなあ。地区本部の鈴木佐太郎さんに会った？　仙台地本の八島委員長も来ている」

推薦団体である全逓福島地区本部の鈴木副委員長と浅野書記長、それに仙台地方本部の八島委員長ら幹部が、最終盤の情勢確認のためわざわざ現地に来て反応を確かめていた。

「うん、途中で何度か見かけました。最後まで必死の連呼が続いて全然話も出来ず、失礼しちゃいました」

「選対の最終票読みでは九千票台に乗っている。各町村選対も最後はよく動いてくれた。特に一の木後援会婦人部の人達が、最初から積極的に全町村へ出て行って、最後まで猛烈な運動を続けてくれたのが決め手になった。連日涙がこぼれる程の感激だった」

「選挙カーでどこを回っても、方々から飛び出して来る運動員の人達とお会いして、どれほど勇気づけられたか。頭の下がる思いで一杯だった」

「最低でも八千五百で当選はすでに決まった」

「皆さんを落胆させないで済めばそれで充分です。終始渡部さんのリードだった」

「いやあ、前回の基盤があったからだ。今夜は早く帰った方がいい。明日は結果が出次第直ちに全選対への挨拶回りに出る」

話をしていると田中忠行が顔を出した。

「すかすわがはきかねぇなすた。てぇげぇだずど途中で参っつまぁぞなぁ」

「気力で乗り切れたんだろう」

「いや、百姓やってだどぎに、骨が太ぐ出来だがなべぇ。気力だげではとでももだねぇはじだ」

「そうかも知れん。われながらこの体はよく激闘に耐えてくれたと思う。人生何が幸いするか判らんもんだなあ」

「すたがえ、とにがぐたまげっつまう。このきりは当選確実だ」

武清の運転で住宅に戻ると、陽子と真理が一足先に事務所から帰っていた。戦い終えた気分でくつろげるのは実に久しぶりだ。

「ご苦労様でした。早く上がって休んで下さい。お父さんはお風呂に入ったら」

「うん、真理と入るか。お前も方々引きずり回されて大変だったろう」

「選挙だもの当然よ。でも、どこへ行ってもみんなに力づけられて感激しちゃった。疲れなんてないわ」

「そんならよかった。おじんちゃや公侍には生きていて欲しかったなあ」

「おじいさんは私が来る前に亡くなられたけど、公侍さんと同じで本当に残念だわ」

座敷の壁に、あれからずっと掲げてあった公侍の額縁に入った遺影を、私はしみじみ見上げた。

六つ切り大の白黒写真は、前回選挙の時に事務所の庭で撮った最後のスナップである。あの時すでに病魔に侵されていたであろう公侍の笑顔が、心なしか力なく寂しそうに見える。鮮明な追憶に改めて胸が熱くなる思いがした。

——公侍、お前のお蔭で当選出来そうだ。どこへ行っても、弟さんは今回はなぜ来ないのかと聞かれて本当に辛かった。お前の誠意が、いかに多くの人の心を捉えていたか、運動を通して初めてよく判った。生きていて欲しかったなあ。何一ついい思いもさせてやれなくて済まなかった。本当に残念だ。

いつの間にか額縁の遺影が、こみ上げるものにさえぎられて見えなくなっていた。

4

投票日は朝からいい天気だった。午前中に投票を済ませ、引きもきらず訪れる支持者と得票予想を話し合って一日を過ごした。落選を予測する人は一人もいなかった。

開票は順調に進んで、私の得票は各町村共ほぼ読みの通りだった。事務所を訪ねる人の数も次第に増え、時間の経過と共に緊張が極度に高まる。そろそろ大勢判明の時を迎えていた。呼ばれて私も事務所に入った。

「よしっ、当確だ。もうひと押し伸びろっ」

興奮した叫び声が事務所内に上がったのは午後九時半を過ぎた頃で、比較的早い段階での大勢判明だった。

待機していた報道記者が一斉に取材を始めた。笠間事務長を中心に並みいる幹部の間からどっと歓声が沸き起こった。

八千五百八十一票、第三位ながら新人・佐藤公威三十四歳の初当選が確定した。

トップは山口一男で一万一千票台。二位は高橋義雄の一万票台である。新聞が予想した通り、猪苗代町の二人は共に五千票台に並んでの共倒れだった。陽子の父親からの贈り物で神棚の前に飾ってあった大きな達磨《だるま》に、鮮やかな目が入れられた。

「新県議・佐藤公威君、万歳、万歳、万歳」

笠間事務長の音頭で声高らかに万歳が三唱された。私は初当選の喜びや感激というよりも、身震いするような責任を感じながら短く御礼の挨拶を述べた。

握手攻めに遇って、候補者の胴上げが始まった。狂喜乱舞する人達と一緒にいると、新たな決意がこみあげてくる。

――これからが本当の勝負だ。期待に添えるようしっかり勉強して全力を尽くすこと、親父の分までやることだ。

報道各社のインタビューが続いている最中も、電話がじゃんじゃん入り、お祝いの花束やこも樽、電報などが続々と届いた。当選とはこういうものかと、つくづく考えさせられてしまう。

「それでは、これから公威さんは、各選対や後援会への挨拶回りに出ます。田代選対責任者と笠間事務長もご同乗願います」

渡部参謀が大声でそう呼ぶと、ひとしきり大きな拍手が沸いた。武清の運転で事務所を出たのは午後十時過ぎだった。

「これから八か町村全部を回ったら朝だ。相手は誰もいないんじゃない?」

「朝になっても待っているから来てほしいと言うんだ。一の木は集落センターにみんな集まっている」

「当選したんだ。待っているだろうよ。よかったなあ」

当選すれば人はどこからともなく潮《うしお》のように押し寄せる。落選すればその逆で人はあっという間に去って行く。人間とはそういう生きものなのか? 前回と今回のそれを比較して私は人間が判らなくなる思いだった。

最初の集落センターには地元の人達がすし詰めで、熱狂的に歓迎した。

「こんどの選挙は、この小さな一の木村が、耶麻郡を向こうに回して戦って、遂に勝利を収めた選挙だったと思います……」

私がそう切り出した途端、堰を切ったように爆発的な拍手と歓声が沸き起こった。

「……心から感謝申し上げ、課せられた責任を一つ一つ果たすことによって、皆さんのご期待に応えて参りたいと考えます。本当の戦いはこれからです。今後共どうか宜しくお願い申し上げます。長い間、親身も及ばぬお力添え本当に有り難うございました」

大きな拍手が鳴り止まなかった。

「教え子の佐藤君が、ここ一の木出身の公威君が、とうとうやってくれました。皆さんには特に地元の地元として、寝食を忘れ本当によく支えて戴きました。何よりも嬉しかったのは堂々たる戦いだったという点です。心から感謝申し上げます。有り難うございました」

笠間事務長がそうお礼を述べると、感激のあまり「事務長！　ご苦労様でした」と大声で叫ぶ者まであって、拍手はなおも続いた。田代町議が選対責任者の立場から、

「ゆっくりしたいところですが、これから郡内全町村を回りますので……」

と、会場の喧噪《けんそう》を静め、地元後援会の田中祐信会長に万歳の音頭をとるよう指名した。たちまち底抜けに明るい大歓声が三度こだまして、もみくちゃにされながら三人はセンターを後にした。

「いやあ、大変な喜びようだ。この調子でこれから全部を回ったらグロッキーだなあ。当

選するってことはやっぱり凄いことなんだ。びっくりしちゃう」

「三千八百票しかないこんな小さな町が、県会議員を持ったんだ。当然のことだよ。自民党ではないんだし大したことだ」

「欲をいえば、読んだ通り九千台に乗せたかった。しかし次点との差が三千票もあるんだから、落選は最初からなかったことになる」

「共倒れが判っていたのに、戦って敗れた猪苗代の二人も辛いだろうなあ。結局は新聞が最初から書いた通りになった。次回は相手側も一人に絞ってぶつかってくる」

「これから次に向けて、今回の支持者をどう維持拡大するかはいつにかかって現職となった公威君の活躍次第だ」

　車内ではひとしきり選挙総括の話になり、誰もがいつの間にか眠ってしまう状態が続いた。結局八か町村の事務所を全部回って選対本部に帰ったのは、翌朝の四時半、それでも予定よりは早かった。

　渡部と公平は仮眠をとって待っていたが、座敷には祝い酒に泥酔した人達三、四人が固まるように眠っていた。事務所を預かる責任者の苦労がひと目で判る光景だった。

「渡部さん、家へ行って休みましょう」

「いやいや、今日はまた早くから後片付けがあるから……皆さんこそ、早く帰って休んで下さい」

武清が一人一人を家まで送った後、住宅には泊まらずに高野原の自宅へ戻った。密度の濃い感動と感激がぎっしり詰まった長い一日はようやく終わった。

闇夜が次第に明るくなって、いつの間にか陽光のまぶしい朝を迎えていた。

戸惑う別世界

1

電話のベルと、顔を触られる感触があって目をさますと、真理がけげんな顔をして枕元にしゃがんでいた。

「ああ、真理ちゃん」

「おとうちゃん、おきて」

「ん、いま何時?」

「……」

「お父さん起きたの?　もう八時よ。みんな来てくれたの、早く起きて下さい。事務所の渡部さんが九時に迎えに来るそうよ」

襖《ふすま》一つ隔てた隣の居間から、それと気づいた陽子が声をかけた。来客が誰であるかは、その話し声で私にはすぐ判った。

「ああご苦労さま、今起きる」

手早く身支度をして顔を洗うと、側から離れようとしない真理の手を引いて、私は廊下から居間の障子戸を開けた。選挙では台所の賄《まかな》い部隊として、日夜懸命に手伝った武清の妻良子、いとこの恵美子とトヨ子が、新聞を見ながら明るく賑やかだった。

「お早う。大変お世話になりました」

「事務所で使った鍋、釜、食器類を全部返しに来たの。あっちもすっかり綺麗になってせいせいした」

「公威さん、早く見でみっせ。こだに大ちく出でる。よがったなぁ当選でちて、まだ眠たがんべぇ?」

「寝たのは今朝だったからなあ。みなさんのお陰で当選出来て本当にほっとした。どれどれ新聞は何と書いてある」

地方紙には、各選挙区の異色当選者が、社会面一頁を使って大々的に報道されていた。

耶麻郡で初当選の佐藤公威も、支持者に囲まれて万歳をしている写真入りで、当選が決まった時の模様を詳しく伝えていた。

各党ごとの獲得議席数は、自民が三十七名で前回より六名減。民社が五名で同じく三名減だったのに対して、社会は逆に四名増の十一名となり、第二党の座を民社と入れ替わって確保する結果になっていた。

そのほか無所属では七名が当選したが、うち五名は自民党が吸収する形で即日追加公認を発表したため、結局自民は合計四十二名となり、減った分をそれでカバーする苦肉の策を採った。

特徴的だったのは、新人の台頭が目覚ましく全体で二十四名が当選、かつてない大幅な新旧交代が実現したことだった。民報一面の横見出しも「県議選・現役大きく後退」となっている。なかでも社会党は象徴的で、十一名中実に七名が新人だった。

「真理ちゃんお早う。よかったねえ」

「うん」

「真理ちゃんは、当選が分かるかなあ」

良子の問いかけに、トヨ子と恵美子が、

「二歳ではまだ無理なべも。久しぶりのお父さんだから離れらんにぇなべ」

「そうなべぇ。すかす、議員の家族は大変だぞなあ、本人はろくに家さなどいらんにぇなべし、四年に一度の選挙はあべし、落ち着く暇もねぇほど人はこべし大変だあ。県庁さはいづいぐの？」

と相槌を打ちながら私に聞いた。

「この世に楽な仕事などないさ。新しい議員の任期は四月三十日からだと言うが、その前に顔合わせの通知が来るんだろう。当分は挨拶回りだ」

「当選すれば当選すたで、急に忙がすぐなんのは仕方あんめぇ。なんたって寝不足が体にはいつばん毒だ。どっかさ行って一日二日休んでちたら」

「そんなことは出来ないよ。若いんだから大丈夫だ。議会ではひと晩ふた晩の徹夜はあたりまえなんだ」

「そうなべなぁ、体に気つけで頑張ってくんつぇよ」

「うん。さあ朝飯にしよう。渡部さんが来る時間だ」

久しぶりに身内だけで食事をしていると、渡部と公平が迎えに来た。陽子が二人を招き入れた。

「やあお早う。昨夜の事務所は賑やかで全く眠れなかった。飯より眠いなあ。でもやっぱり当選はいいもんだ」

「大変でした。一緒に家へ来て寝ればよかったのに」

「いやいや、事務所に責任者がいないのもおかしなもんだ」

「公平も大変だったなあ。初めての経験でびっくりしたろう？」

「みんなが真剣で純粋なのにはいちばん驚いた。選挙に勝つことは実に大変で、俺はもっと裏のあるものだと思っていた」

食事をしながら放談は続いた。

「渡部さんは、本当にたいしたもんだ。よくやらったもの。カネ貰いさ来るようながなもちゃんと追い返して。ほかの人ではあの真似は出来ねがら。たまげだもんだ」

「うう、したがらさ。変なのが来たもんなあ、あれどごの男？」

「ああいう輩《やから》はどこにもいるもんだ。どうせゆすりたかりの常習犯だ。頭さ来ても怒れないのが辛かった。本当なら、外さ引きずり出して追い返すんだが」

「警察さ電話すんべぇなんて、みんなで語っでいだだがら」

「そんなこともあったの？　ひどいのがいるんだなあ。何のために、いくらくれと言うの」

「相手の票を百票ひっくり返して当選するには二十万円必要だ。出さないかと言うのさ」

「ハハハ馬鹿であんめぇが」

「酒に酔っているらしく、土台まともに聞ける話ではないのさ。ただ突然すごんだりするからこいつは常習犯だとすぐ判る」

「あっちの事務所さも行ってんなべぇ。出すどごろがあっからのさばんのさ。やんだ、やんだ」

私は選挙の際よく聞く話が、実際にあることを知って、とんでもない世界に足を踏み入れたものだと思った。朝食を済ませると、渡部と一緒にすぐ席を立ち、看板を降ろしてすっかり身軽になったダットサンに乗って挨拶に出掛けた。

2

当選証書は四月十九日、喜多方市の県耶麻地方事務所の会議室で受けた。私にとっては何もかも初体験、加えて全会津十二名の当選者中もっとも若い新県議とあって、どこへ出ても視線を一身に浴びるような窮屈さを覚えてしまう。

——今日は、管内の先輩議員と直接お会いできる日だ。ご挨拶をして宜しくお願いしよう。面識のある人が殆どだが。

そう思って出席してみると、当選回数の多い議員ほど代理人の出席だった。当選証書の交付式には直接本人が出て、任期四年間の責任を噛み締めるところに意義がある。だがどうやらそんな感覚も現実には通用しないらしい。大ものと小ものの違いなのだろうか？　ふとそんな思いがした。

新聞記者が盛んにフラッシュをたいて、初当選の私に感想を求めた。

「当選証書を手にして改めて責任の重大さを痛感しました。まずは勉強からだと思っています」

「県政記者の経験を生かしてぜひ頑張って下さい。先輩の活躍に期待してます」

「先輩だなんて言われると肩の荷が重い。まずはじっくりやりますから今後とも宜しくお願いします」

ひと通りの挨拶を交わしていると、代理出席で当選証書を受けた人達が、いずれも慣れ親しんだ態度で県の役人と声高に冗談を交わし合っている。古参議員の神通力はかくも強いものかと、その雰囲気にただならぬものを感じてしまった。


社会党の県議団事務局から党議の招集通知を受け、私が当選後初めて県庁へ行ったのはそれから間もなくだった。議員の控室は議会棟三階にある。県議会の正面玄関を入ったところで、受付の女性が突然立ち上がって丁寧に頭を下げた。他にも多くの人達が出入りしていたので、自分への挨拶ではあるまいと思い、そのままエレベーターに乗ろうとした。すると、

「先生、先生」

と、今度は後ろから男性が声をかける。県の職員らしい人達が四、五人、一緒にエレ

ベーターに乗り込むところだったので、全く気にもかけずそのまま中に入ってドアの方へ向きを変えた途端だった。

「先生、佐藤先生でしょう?」

「あれっ、私ですか」

「そうです、耶麻郡の佐藤公威先生でしょ」

「はい、佐藤ですが」

「いやあ、この度はおめでとうございます。お待ちしておりました。私、議会事務局の近藤と申します」

「あら、失礼しました。私は先生ではありませんので、誰かの間違いかと思いました。議会事務局の方でしたか。お世話になりますが宜しくお願いします」

「こちらこそお手柔らかに願います」

同乗の人達が興味深そうに、このやりとりを聞きながら微笑を浮かべている。三階に停《と》まったエレベーターを降りると、近藤は先に立って腰を低くかがめ、右腕を伸ばしながら私を社会党の議員控室へ案内した。目と鼻の先である。

――なんとなく面はゆくて蕁麻疹《じんましん》が起きそうだ。別に案内されなくても、こっちは県政記者上がりの勝手知ったる身だ。なんでこんなに親切なんだろう。

「先生、ここが社会党の控室です。いずれまたゆっくりお話に参ります」

「ご親切にどうも有り難うございました」

――新聞記者時代の応対とはまるで違う。たいていの議員は、もうこの辺でその気にさせられてしまうのだろう。先生だと？　何を教える先生なのさ。受付の女性が丁寧にお辞儀をした相手も確か俺だったんだろう。随分威張っている人だと思われたに違いない。それにしても、まだバッジも付けていないのにどうして新人議員が判るんだろう。その気にだけはならないことだ。

初登庁はのっけから、まるで別世界を訪問したような落ち着けない気分からのスタートとなった。

社会党の当選議員は吾妻千代吉（福島）、上坂昇（いわき）、渡部行雄（会津若松）、高野広威（伊達）の現役四人に、残る新人は文字通り七人の侍だ。安斉清志（福島）、志賀一夫（田村）、佐藤喜春（郡山）、渡辺岑忠（同）、相沢金之丞（相馬）、村上武士（いわき）、佐藤公威（耶麻）である。

初顔合わせで一堂に会してみると、いずれも強烈な個性の持ち主で、さすがは激戦を制したつわものだと思わされる。議員の数を二桁に乗せての全員集合とあって、控室の雰囲気は底抜けに明るかった。

控室は各党とも議員の数によって、一人当りの面積を基準に算出されたスペースが割り振られる。

社会党の控室は三つに分かれていて、机と椅子、ロッカーがすでに十一人分、コの字型に並べられた執務兼党議室と、応接セットを中心にテレビや冷蔵庫、食器棚、電気コンロ、本棚、受付職員の机などが置かれた応接兼談話室、さらにその隣にはドアが閉まる小さな会議室が並ぶ。

各室とも電話付きで赤い絨毯《じゅうたん》が敷きつめられ、いかにも贅沢な造りになっている。庁内や外部との連絡がいつでも自由にとれて、静かに考えたり読み書きしたり休んだりすることが出来るよう特に配慮された空間だ。

この日の党議では、議員団の新役員選任が行われ会長に吾妻議員、副会長に渡部議員、幹事長に上坂議員、政策審議会長に高野議員がいずれも満場一致で選出された。党の多選議員はこの四人なので異論はなかった。

本会議場の議席は、当選回数や年齢順に議会事務局が各党の意向を受ける形で原案を作成、後日改めて席順表が配布されるという。所属する六つの常任委員会はそれぞれ二人ずつとし、論争の少ない土木委員会だけは一人とすることが決まった。これらは議会本会議の議決を経て初めて本決まりになり、議員の出欠がひと目で判る氏名入りインジケーターも議席が確定してから整備されるそうだ。

議会には一般では難解な手続きや形式がわんさとあって、何を決めるにも一筋縄ではいかないのが通例らしい。宿舎はそれぞれが予め市内に確保して、議長宛に届け出る必要があるとも説明された。聞くことすべてが初耳の新入生は、ただ黙って言われた通りにするしかない。

党議の最中も県の職員が頻繁に控室を出入りして、現役の各議員は席の温まる暇もない程忙しそうに応対に追われる。何がそうさせるのかはもとより知る由もなかった。

3

議員バッジは任期に入ってから各人毎に交付された。

桐の箱に収められたものが、一人一期に付き二個ずつ貸与される。18Kと金張りのものがあり、多くの議員はメッキの方を先に着けた。見分けはつかないのだが、本物の方は大事に仕舞っておきたくなるらしい。

それぞれの議員の登庁をインジケーターで確認すると、議会事務局の女性職員がわざわざ議員控室まで持って来てくれる。

丁寧に背広の左襟の飾りボタン受けにきりを刺して穴を開け、ねじの切られたバッジの心棒を回しながら入れる。台座に取り付けられた濃紺の絹の編み紐を裏側に回し、心棒のネジに裏側から楕円形の受け金具を締めて固定する。その金具の右端に開けてある小さな穴に、紐の先端に付いている金具の輪を通して止めると作業終了である。バッジの裏側になる受け金具には「福島県議会議員記章」の刻印が打ってある。

バッジは直径一・七センチ、高さ一・五センチ。表面の中心におしべめしべをかたどった小さな円を浮き出させ、その心棒に沿ってふくらみをもたせた固い芯の上に、濃紺のビロード地を被せて丸い凹型金の台座に埋め込んだ作りになっている。真新しいバッジを付けると、これが意外な程襟元に際立っていかにも議員らしい気分になった。

——バッジに二種類があるように、どうやら議員にもそれがありそうだ。俺は時間をかけても本ものになってやる。

胸に燦然《さんぜん》と輝く県議会議員バッジが、気負いを生んでういういしい。

議会の構成を決める、改選後初の臨時議会は五月九日から三日間の日程で招集された。地元と県庁を頻繁に往復して、議会内部の空気にも大分慣れた筈なのに、やはり初めての本会議ともなると、特に新人議員は一種異様な緊張感で胸をときめかせる。

当選してからこの日を迎えるまでに、直接見聞して判ったことはいろいろあった。中でも選挙に投入した資金の総額が、人によって天と地程の差があって、「俺は優に五千万円はかかった」などと豪語する自民党議員までいるのには驚かされてしまった。

——言ってることは果たして本当なのか、単なる虚勢ではないのか。しかし驚く様子もなく、平然と受け止める議員が多いのにもびっくりする。そんな大金を一体どこで都合し選挙の何に使うんだろう？　いずれも資産家の大金持ちなのか。もし本当なら俺などが当選出来たことは奇跡になってしまう。

どう考えても釈然とはしない。

また臨時議会が招集されて最初に見せつけられたのは、正副議長をはじめ六つの常任委員会十二名の正副委員長など、議会の役職選任をめぐる与野党の熱い対立だった。

——公正な議会運営を図るには、国会にならって各党がその議席数に応じ、話し合いの上責任を分担するのが民主主義だ。しかし自社対決時代を背景に、圧倒的多数を誇る与党としては、何が何でも役職を独占しなければ党内が収まらないのだろう。つまりこれは、自民党内部の実は肩書き争奪戦であり、野党の発言をいざという時に封じ込めるための、事前根回し的役職の独占でしかないことになる……茶番劇もいいところだ。

結局は議会の構成までが数による採決に持ち込まれ、道理が引っ込む決着になる駆け引きも実に不可解だった。

相馬の山田は、三期目の選挙で僅差の敗北を喫しそのまま引退の悲運に沈んだ。

――あれだけの人が、どうして落選するんだろう？　この道の怖さなのか、天の配剤なのか、存念を思うと哀惜の極みだ。議場での再会も夢と消えた。

私は開会前のロビーで、山田との因縁に思いを馳せていた。

本会議の開会を告げるベルが一斉に鳴り響き、いよいよ六十名の全議員が初めて議場で顔を合わせる。私の議席はすでに最前列左から三番目の十一番に決まっていた。ロビーの議員出入り口から続々と新選良が本会議場に入る。

赤い絨毯を踏みしめながらゆっくり議席に向かった。県民の負託が両肩にずしりと重い。少し固めだが勿体ないほどゆったりした木製で、グレーのビロード地に覆われた回転椅子を斜めにして体を入れる。一辺五センチ、高さ二十センチ程の角柱型名札を右手で立て、一礼してから初めて自分の議席に腰をおろした。艶のある黒地に、筆字で白く議員名を書き入れたぴかぴかの名札が否応なく目に迫る。演壇を挟んで正面の左右ひな壇に居並ぶ県の最高幹部と相対しているうちに、

――あの演壇に立って獅子吼《ししく》せよ。そして発言権の真価を問うのだ。

と、自らを鼓舞したくもなった。

――悲運に翻弄されながら、結局は親父の遺志を継ぐ決意を固めて俺は今県議会議事堂に着いた。この道は険しく遠かった。それを乗り切れたのは家族の強い絆があったからだ。戦えたのは誇れる支持者がついてくれたからだ。庶民の願いやことの道理が、そのまますんなり通る世界だとは到底思えない。入り口を少し入っただけで、こんな筈ではなかったという戸惑いも強烈だ。だが、俺は政界の不条理や修羅場に汚染されない決意でこの道を来た。和して同ぜず、毅然として終わりなき戦いを挑まなければならない。ゼロに始まりゼロに終われば以て瞑《めい》すべし、高等乞食《こじき》にだけは断じてならないことだ。親父の意とするところ当然また然りであろう。

知らず知らずのうちに、新たな自戒がこみ上げた。

二度にわたる激闘をくぐり抜け、ようやく獲得した県政への直接発言権を胸に、私は身じろぎもせず演壇を見つめていた。

――遂に踏み込んだ政界の冷酷非情は、この先俺に何をもたらすのだろう。前途の波瀾万丈がふと脳裡をかすめた。

大先輩のこと

私の活躍は、弁論で実証済みの初質問演説から注目を集めていた。議員活動も部署を得て張り切る新入社員そのものだった。その年の十二月には次女の真樹が誕生して陽子は電電公社を退職、ふたりの子の育児や来客の応対に追われるようにもなっていた。

当然支持基盤や後援会組織も年と共にしっかりして来て、以後順当に当選を重ねた。

生涯をここで暮らそうと決めていた町営住宅から、所得の面で入居資格を失ったことを理由に、立ち退きを求められたのはその頃だった。住宅のすぐ隣の畑を近所で農業を営む神田恒夫氏が好意的に譲ってくれ、

「県会議員が町営住宅に入っていていい筈はないさ。時の流れだ、世間など気にせず自宅ぐらいは建てろ」

と勧められ、意を決してやむなく木造モルタル造り、平家建てトタン葺き三十六坪の自宅を新築したのは二期目の後半、昭和四十八（一九七三）年の暮れだった。

当時土地と家で総工費七百万円也は、満七十歳で完済となる超長期ローンを組んでの購入だった。しかし、言う人からは「議員はいいもんだ。二期目で御殿が建てられる。次の選挙が見ものだ……」などと変な焼き餅を焼かれ、いやな思いも味わった。

——そもそも今どき、土地と家で七百万円がなぜ御殿なのか。家を建てること自体全く不本意で、自分としては申し訳ない気持ちでいるのに……ねたみ、やっかみは理屈ではないから始末が悪い。言いたい人には言わせておくしかないが、議員とは因果な稼業なもんだ。何となく悲しくなる。

人にばかり気兼ねして、出るのは溜め息ばかりだった。

同じ選挙区の長老・自民党の山口一男県議とたまたま県庁で会った時に、この話をして意見を聞いてみた。

「佐藤君、そだごど気にすんな。持ち家の建設促進は国の政策だ。まあ有権者は時として心貧しいことを言うもんだが、そのうちに自分達も家を新築するようになる筈だ。そしたら何も言わなくなる。黙って見ていろ」

　ハッキリものを言う山口の意見に、私はすっかり納得させられてしまった。

　山口は特高警察上がりの異色県議だった。連続七回当選・元議長の経歴を持ち、所属政党は違っても陰に陽に私を目にかけて激励を惜しまない大きな人だった。

　不運にも若い頃から胸を患い、今期限りの引退が囁かれていたこともあって、珍しくゆっくり話し合った。

「山口さん、県政にとって今いちばん大事なことは何でしょう?」

「議会の権威を高めることだ。知事にもみ手すり手でお軽薄《けいはく》を言うような議員や役人ばかりでは、県民のための県政は実現出来ん。近頃のわが党の若いやろめらはろくな勉強もしねぇでがらに方法ねぇわ。困ったもんだ」

　山口は憤懣《ふんまん》やるかたない表情を見せた。

「なるほど……お気持ちはよく判ります。ただ議会の権威を高めるために、では何をなすべきなんでしょう?」

「あのなあ佐藤君。それには選挙に強くなるしかない。君もおらが党さ来た方がいいでねぇが。自民党ではなく山口自民党だ」

「山口自民党なら面白いですねぇハハハ。先生は落選知らずだからそんなことが言えるんです。党派を超えて選挙に強くなるには一体どうすればいいんですか?」

私がたたみかけると山口はためらわずに即答した。

「敵をつくることだ」

八方美人的な議員は要らないという、気骨のある山口流政治哲学を、ひとことで教えられる思いがした。

その大先輩が呼吸困難から議会への出席も無理になり、総合会津中央病院に入院したのは昭和四十九（一九七四）年五月のことだった。これまでも時折入退院を繰り返す生活が続いていた。

私はお茶の好きな山口を思い出し、極上の玉露を詰めた茶壺をぶら下げて病院の個室に彼を見舞った。ひとりベッドに横たわる山口は、ドアを開けて目を合わせた途端、「おやっ」と表情を和らげたが、呼吸が苦しそうでスムーズな話は出来そうにもなかった。

「ありがとう」

それでも喘《あえ》ぎながらようやくそう言うと、しきりにもっと喋りたい様子を覗かせながら苦しそうに顔を歪めた。

「山口先生、先生の思いは微力ながら私達がしっかり議会に反映させます。どうか大事に養生されて一日も早く復帰して下さい。お待ちしております」

私はたまらなくなって、両手で山口の右手をそっと握った。

「お疲れでしょう。休んで下さい。これでおいとましますから……」

一礼して私は病室を出た。

――思うようにならない自分の体がどんなにか悔しいだろう。体さえ丈夫なら……本当に惜しい人だ。地元高校の統廃合が問題になった時、一緒に知事室へ連れて行かれた。方針を譲ろうとしない知事に「やれるものならやってみろ！」と、羽織り袴姿《はかますがた》で顔面神経痛に歪む顔を紅潮させ、突然開き直った時の迫力は凄かった。二人のやりとりを一年生の俺は震えながら聞いていたが、こと教育に関する問題で山口が堂々と述べた意見は、単なる地元の利害を超えた先見性のある立派なものだった。そのことがあって結局地元高校は存続した。『大物ぶり過ぎる男』とか『やくざ議員だ』などと陰口を叩く人もいるけど、あの真似の出来る県議は与野党を通じて山口さん以外にはいない。議員としてはやっぱり凄いとしか言いようがない。タイプは別としても、山口さんから教わったものはあまりにも大きい。

ひとり病院の長い廊下を玄関に向かって歩きながら、私はそんな思いにかられてひたすら全快を祈るだけだった。

県政の修羅場

1

のんびりする間もなく、昭和五十（一九七五）年四月、連続三期目の当選を果たしてほっとした頃から、県政にはかつてない暗雲が深く垂れこめ始めていた。疑獄事件の発覚だった。以前から、県警と福島地方検察庁が水面下着々と綿密な捜査を進めていて、まさに嵐の前の静けさだったのである。

事件の真相究明は当然県議会、特に総務公安常任委員会での具体的な追及にその多くが委ねられる。三選された私が総務公安常任委員に選任され、野党第一党の立場で否応なく、汚職追及の矢面に立たざるを得ない立場にあったのも奇《く》しき巡り合わせだった。私の永い議員生活の中でも、特に忘れ難い追及調査の日々は、かくして鮮烈に刻み込まれて行った。

県政疑獄の前兆ともいうべき事件は、土地の売買を巡る詐欺の疑いで昭和五十年六月、県警に逮捕された某土地ブローカーの自供に端を発する。三年程前数回にわたり、親しかった県の生活環境部長に、土地の情報提供で便宜を図ってもらった謝礼として、現金百二十万円と中古車一台を贈賄したというのである。

県警は内偵捜査を続け、時効直前の十月上旬から連日のように、この部長に任意出頭を求め事情聴取を行った。事件は大々的に報道され、逮捕は時間の問題とさえ囁《ささや》かれた。しかし、詐欺師の自供とあって慎重を期した県警は、この事件を結局は書類送検だけにとどめたのであった。

一方の地検も、引き続き任意の事情聴取を行い、検事正が記者会見してその結果を次の通り発表した。

「生環部長は不起訴処分としました。最後にカネの授受があったのは、昭和四十七(一九七二)年十月二十八日と見るのが相当であり、本日で時効(三年)となります」

地検による数度の取り調べで、暗にこの最終処分を読みとっていた生環部長は同日朝、知事にそのことを報告した。以前から二人の関係を知り、他にも疑惑が持たれていることで頭を痛めていた知事は、その場で本人に『依願退職』するよう求めたという。このため退職金一千数十万円が支払われることになったのである。

県議会の、特に野党各会派は一斉に反発した。問題は知事が記者会見して生活環境部長の辞表受理を発表した時間が、地検の最終処分発表の時間より三時間も早かった点にあった。

容疑事実に対する地検の見解を一切聞かないままでの無罪放免と、司法当局の不明朗とも思える捜査経過に、県民の厳しい批判が集中したのも当然だった。

社会党県議団は、直ちに納得できる措置を求める申し入れ書を、直接知事に手渡して厳しく抗議した。すると知事は、

「依願退職にしたのは間違いだと言うが、不起訴で懲戒処分の対象となる具体的な事実がはっきりしないのに、懲戒解雇とすることは出来ないではないか」

と、もっともらしい見解を披露した。到底黙って引き下がるわけには行かない場面だった。

「いいですか知事。逮捕された業者と部長は、当局の取り調べに対して、共にカネの授受があったことは認めているんですよ。つまり非行は明らかにあった。ただ三年前のことで日時とその趣旨が特定できず、裏付けも取れないジレンマの中で時効の日を迎えた。あとひと月もあれば、起訴は出来た筈だと司直が明言している事件なのに、それを逆手に取って、県民の税金から多額の退職金まで支払う依願退職とするのは、明らかに裁量権の乱用です。聞かされる県民はたまったものではないからこそ怒っているんです。何をおっしゃるんですか」

「発覚が遅れれば得をする……そんなことを知事自らがやって見せるようでどうして示しがつきます? 知事の感覚はどう考えてもおかしい」

「知事の片腕と言われた部長を、何としてもかばいたいとする知事の心情は判らぬでもないが、知事自身ことの重大性を本当に理解しているとは思えないのが極めて遺憾だ。問答無用なら追及は本会議場でやらせて貰う」

「どうぞやってくれ」

結局両者の溝は埋まらず、申し入れは決裂に終わった。

しかし県警はその頃、県の中通り地方に位置する岩瀬郡天栄村の、総事業費四億円を超える広域簡易水道新設工事を巡る贈収賄事件の捜査に全力を傾注していた。この事件がそれから間もなく、とんでもない展開を見せることになる。

生活環境部長事件で批判の矢面に立った県警と地検は、実は『まだまだある』とにらんで摘発に本腰を入れていたのである。

当時人口六千八百余の天栄村には、郡内二町二村中ただ一村だけ水道がなかった。工事請負受注会社の現地作業所長が、工事代金の一部六千万円を村から詐取した疑いで須賀川署に逮捕されたのをきっかけに、前村長が収賄の容疑で逮捕されたのは、年が改まって四月には、県知事選挙が行われることになっていた昭和五十一（一九七六）年一月下旬だった。

この前村長は、前年四月の統一地方選挙で四選を目指したが、村政に疑惑がもたれて敗北を喫したばかりだった。県の地方事務所長から県議一期を経て転身した前村長の逮捕とあって、県政との関連も取り沙汰されたがその頃はまだ濃い霧の中だった。

それから四十日ほど捜査が続き、前村長に対する贈賄の疑いで、当時県建設業界トップ企業の座にあって、県の公共事業でも大きな実績を挙げていた郡山市・水原建設工業の社長が逮捕された。

地検の厳しい追及に遭って水原は、前村長だけでなく県の複数幹部職員に対しても、多額の賄賂を贈って受注工作を行っていた事実を淡々と自供したのである。

そんな折も折、戦後第九回目の県知事選挙が告知され、四月十八日、全国知事会会長として絶頂期にあった木村知事が、県政史上最高の七十五万六千二百余票を獲得して見事四選を果たしたのだった。

県警と地検は、知事の初登庁が済むのを待っていたかのように動き出した。水原の自供から同二十九日、県土木部の営繕課長を収賄容疑で逮捕、さらに五月十日になって、この課長への贈賄容疑で別ルートの福島市と郡山市の土木建設会社社長を、また県の福島建設事務所建築課長と業者数名を贈収賄容疑で相次いで逮捕した。県庁には有史以来初めての家宅捜索が入り、庁内は異様な雰囲気に包まれた。

その頃福島地検には、四月の異動で汚職など知能犯捜査のエキスパートと言われた松岡幸男検事正と松宮嵩次席検事が着任、幹部だけでなく内部の捜査体制も一新されていた。

県職員の相次ぐ逮捕で責任を問われる羽目に陥った知事は五月二十一日、『人心の一新と幹部の若返りをはかる』として、知事選のため遅れていた五十一年度春の人事異動を発令した。副知事、出納長をはじめ、知事の右腕と目されていた総務部長までが更迭される引責人事とあって、庁内にはまたたく間に驚きと動揺が広がった。

しかし、県政全体を震撼とさせる衝撃が走ったのは、その翌二十二日土曜日だった。福島地検がこの日朝、県庁への電話で午後一時に地検へ出頭するように求めた総務部長を、事情聴取の末夕刻になって、県有地の払い下げで便宜を図った謝礼として、前記水原社長から五十万円を収賄した疑いで逮捕したのである。県庁の総務部長室と市内の自宅は直ちに家宅捜索された。

テレビの速報は忽ち全国に流され、県の職員は一様に仰天した。そしてこの時誰の脳裡にも、事件はさらに拡大するであろう予感が一瞬よぎったのだった。総務部長の更迭は、翌日の出頭要請を踏まえた先行人事だったのである。

2

以後庁内は「次は誰だ……」と戦々恐々、尾ひれのついた噂、憶測が乱れ飛び、張り詰めた空気の中仕事もろくに手につかない有様となった。私も地元へ帰る暇は一切なくなっていた。

「議会は何をやっている。この際徹底追及せよ！」

県民の非難が渦巻く中、注目の六月定例県議会は県政汚職追及県会の様相を帯びて、六月二十四日招集された。

議会は冒頭から波乱含みだったが、開会三日目の二十六日、地検に任意出頭を求められた自民党県連幹事長で、知事の腹心と目されていた県議と、県農協五連の専務理事が、夕刻になって『知事選で県工事請負業者から、違法な多額寄付金を受領した公職選挙法違反の容疑で共に逮捕された』との電撃情報が入り、県政界は俄然パニックに陥った。

周章狼狽《しゅうしょうろうばい》する議員や職員が、息をひそめて神経を擦り減らすような極限状態の中、私が本会議の質問に立ったのは七月三日のことだった。質問は事前通告制が採られ、予めその内容がマスコミにも判ることから「注目の野党質問だ」と、傍聴席はかたずを呑む人々で埋め尽くされていた。私の舌鋒は鋭く知事に向けられた。

「拡大の一途を辿る県政スキャンダルは、その質において、まさに構造腐敗そのものに起因することを、余すところなくさらけ出そうとしております。ロッキード事件大詰めムードの中で、私は捜査の行方を今度はやりそうだと見つめる県民の多くが、同時に県会議員を含む県政の当事者が、果たしてこの事態をどう受け止め、どう反省しようとしているのかを、より厳しく注目していると思うのであります。（中略）特に『庁内が目立ってたるんで来たのは、知事が全国知事会会長になってからだと言われる云々』のわが党の代表質問に対して、『汚職は、私が知事会長に就任する前からあった』と豪語する知事答弁などを聞いておりますと、その答弁が『知事もせめて招待ゴルフくらいは、自粛してはいかがかと存じますが……』との問いに対して、全く答えない形での答弁であればなおのこと、知事の胸の内に深刻な反省や県民に詫びる気持ちが果たしてあるのだろうか。この開き直りにも似た権力的傲慢さこそが、実は今回の構造汚職を生み出す根源だったのではないかとさえ思えてくるのであります〈昭和五十一〈一九七六〉年六月福島県議会会議録抜粋〉」

　議場は寂《せき》として声もなかった。

　私の追及は半端ではなかった。県政に殉ずる覚悟を固めての、更なる追及が続く。

「選挙と金、金と権力、政治は金で買えるものだとする歪んだモラルを瀰漫《びまん》させ、一党支配の思い上がりがいつしか県内の隅々に至るまで、適当な生き方に与《くみ》することが善であるかの如き精神的風土を作り上げ、帰するところ太平は腐敗に終わったとは言えないでしょうか。さらに発展の様相を見せるこれ程の事態は、百年この方かつてなかった県民の汚辱そのものなのであります。その内けりがつくとでも思っておられるとするなら、それは甘過ぎる受けとめ方だと言わざるを得ません。生環部長事件の結末とその人事に見られる知事の温情が、逆に威信に賭けても悪の根を絶つとする捜査当局の仮借《かしゃく》なき追及を呼んで、いみじくも積年にわたる悪の病巣が、県民の前に今、その驚くべき全貌をさらけ出そうとしているのであります。もとより人間に完全無欠はありません。しかしどうしても誰かが、ここで言わなければならないと思うの余り敢えて申し上げますが、県政にとって、知事より以上に重い権力と責任を背負う人は他に居ないのであって、自分だけは一切関係がない、知らないと言い続けさえすれば、それで片がつく程簡単な事態でないことだけは確かなのであります。（中略）ピンチに遭遇して見せる知事の強気な言動とは裏腹に、あなた程の人なら、本当は拘留されている職員や家族の身を案じ、引責辞任した二役に夜な夜な済まないと詫びながら、断腸の思いを嚙み締めておられるに違いない、私はそう信じたいのであります。なのに知事は一体なぜ、自らの内なる呵責《かしゃく》と苦悩、自己責任を、県民に率直に語りかけようとはされないのか。県民が今あなたに求めているのは、自らが課した減給一年間一割カットや全国知事会会長としての自己過信、強がりではなくて、人の心の深層に迫る倫理観の発露と知事自身の責任の明確化なのであります。もはや今日の事態では、知事辞任、世代交代以外に県政を蘇生《そせい》させる道はないところまで状況は切迫していることを、ぜひ冷静に洞察して、然るべき決断を下されるべき時だと思うのであります。敢えて知事にこの際、内なる真実の思いを県民に吐露されるよう、非情にも強く迫りながら私の質問を終わります（同）」

演壇を降りて議席に戻った私は、激高する知事の答弁を予測した。

しかし議長に指名されて答弁に立った知事は、意外な程さえない表情を見せてすっかり意気消沈していた。

「今回の不祥事によりまして、県民の皆様方に非常なご迷惑をおかけ致しましたことは、誠に遺憾でありまして深く陳謝を申し上げる次第であります。（中略）お話にございましたように、逮捕され、処罰された職員の家族の心中を考える時、本当に何とも言えない同情の念にかられます。しかしながら今日の状態におきまして、泣いて馬謖《ばしょく》を斬る態度をとらざるを得ないのであります。また今回の汚職のために、多くの善良なる職員がどんなに肩身を狭くしておるだろうかというようなことを考えました時、誠に同情に堪えないものがあり、これによって萎縮《いしゅく》するようなことなく、元気を出して正しい道を堂々と歩いて県政の進展のために尽くしてもらいたいと考えておるところであります。決して虚勢を張ったり強がりを言ったりして、態度をごまかしておるのではないことを重ねて申し上げる次第であります。かような観点に立ちまして、一日も早く県民の県政に対する信頼を回復することが、現在私に課せられた最大の責務であると考えまして、知事を辞任することは極めて易しく、一番簡単なことではありますが、逃げ出すような考え方は毛頭持っておりませんことをお含み願いたいと考えます。今後は二度とこのような不祥事を繰り返さないように、その根源が一体どこにあるのかというようなことを徹底的に究明致しまして、出来得る限りの積極的な改善をいたしてまいりますと同時に、職員のモラルの向上のために最善の努力をいたしまして、県民にお報いしたいと考える次第でございます」＝同。

私は議席で知事の答弁を聞きながら、

——他人事のように『同情』という言葉を何度も用いる知事は、やっぱり何かが欠落しどこかが間違っている。権力に溺れると、人間はこうまでも自分を見失うものか……これまでの自力調査では、間もなく知事も逮捕されよう。万に一つそれを免れる道があるとすれば、今この段階で自らを深く反省し、潔く辞任する以外にはないことに、この人はなぜ気がつかないのだろう。

私は、空しくそこに立つ権力の虚像と、その表情に滲む対照的な人間の弱さを、絶望の思いで凝視した。

3

かつて陸軍の同じ部隊に所属し、戦地で生死を共にした知事の盟友県農協五連会長が、知事選に際し与党幹事長の県議と農協五連の専務理事を通じて受け取った、巨額違法な県工事請負業者からの『陣中見舞』を、県内農協への組織ぐるみ買収に使った容疑で地検に逮捕されたのは、それから二日後の七月五日だった。県政疑獄事件はいよいよ捜査も大詰め、頂上作戦へ向けて急展開を見せていた。

事件記者の経験をもつ私の調査は常に細心だった。情報はどこからでも容易に入手出来たが、直接自分で足を運び、情報の真贋《しんがん》を確かめない限り、議会での発言に確信は持てないとの思い込みも強かった。

そのため事前了解のもと、張り込む記者の目をかい潜って早朝地検庁舎に幹部を訪ね、捜査の現状とその見通しを質したことや、後に被疑者となった事件当事者とも直接接触、必死の先行否認を繰り返すその言質から、むしろ事件の詳細を正確に聞き出したことさえあったのである。わざわざ上京して、複数の関係者から事件の裏付けとなる証言を得たこともあった。私が知事逮捕の必然性を予測出来たのも、こうした独自調査の積み重ねがあったからだった。

生環部長が、時効による不起訴で逃げ得を印象づけた期間はほんのつかの間だった。全く別な企業の営業部長からの三百万円収賄容疑で、六月議会閉会後の七月十七日、前部長は県警に逮捕されたのだった。後になって判明するのだが、この業者は知事にも、同じ年の昭和五十年四月、五百万円の賄賂を知事公館で渡していたのである。

容疑は、この会社が県に提出した大規模分譲宅地開発事業着手のための事前協議に、知事と部長が口添えで便宜を図ったことへの謝礼だったという。司直が執念を燃やして取り組んだ内偵捜査続行の成果とも言うべき逮捕だった。

衝撃はとどまるところがなかった。七月二十日には、知事選の違反がらみで県農協五連の副会長が地検に逮捕された。そして同三十日には、とうとう知事自身が地検に任意出頭を求められ、複数の業者からの収賄容疑で取り調べを受ける身となったのである。

知事は八月一日深夜、飯坂温泉の定宿に県議会議長を呼んで直接辞表を提出した。史上最高の信任を得て盤石を思わせた木村県政も、発足以来十二年四カ月、汚職にまみれてもろくも瓦解したのである。

——遅きに失する身の処し方、最早これまでだ。天国から突如地獄に堕ちて、屈辱にまみれる老知事の心境を思うと、罪は罪、しかし哀れだ。

私は福島市内の宿舎で、人生の哀歓に涙しながら真夜中のニュースを聞いた。


知事が飯坂温泉の定宿から、迎えに出向いた県警の捜査員に任意同行を求められ、本宮警察署で逮捕状を執行されたのは、八月六日昼過ぎだった。同時に県庁知事室と知事公館が家宅捜索された。知事は、県警の内偵捜査で固まっていた二件八百万円の収賄容疑についてもその事実をほぼ認めたという。そのため同夕刻になって地検に身柄送検となり、簡単な取り調べを受けた後、福島刑務所福島拘置支所の独房に拘留された。

ここ一年半余りとどまることなく吹き荒れた県政疑獄事件も、最大のヤマ場を越えて間もなく沈静化した。事件の展開と共に絶えず名前の挙がった多くの灰色関係者が、一様に胸をなで下ろしたのは言うまでもなかった。しかし何事もなかったかのように、古い政治権力に守られていた勢力が、新しい安住のシステムと土壌を求めて、早くも目の色を変え次期県知事選挙の虚々実々にうごめく様を見て、私は改めて権力のしたたかさと人間のあさましさを知る思いがした。

議会開会中の留守宅に、脅迫電話や無言の嫌がらせ電話が何本もかかっていた。中には「家族も気をつけろよ!」とか、「次の選挙で思い知らせてやる」などの卑劣な内容もあった。脅迫で議会の言論を抑えようとするものの考え方が、今時どうして成り立つと思うのか、私にはどうしても理解出来なかった。身の危険を感じて、福島市山下町の県警保養施設・あぶくま会館を、それと察した県警の担当者から紹介してもらい、徹夜で資料を整理し質問原稿を書きまくったこともあった。多くの報道記者や県職員からネタの提供や熱意あふれる激励も受けた。

しかし、与野党を問わずその利害得失からか、裏で発言封じの画策をして公然と質疑を妨害する議員や、われ関せずと沈黙する議員が多い中、それでも主張すべきを主張し質すべきを質し続けることが出来たのは、終始一貫行動を共にした、いわき市選出の村上武士議員と会津若松市選出の金井博文議員が、その力を最大限貸してくれたからだった。

ここいちばん己を顧みず、県政の大義に立ってこの盟友と疑獄追及のプロジェクトチームを組めたのは、何にも増して心強い限りであった。

追及調査が壁に突き当たった時、それまで何度となく面識があり信頼していた某弁護士宅を訪ね、種々相談しようとしたことがあった。しかしその弁護士はなぜか挨拶もよそよそしく、がらりと態度を変えて意味あり気に何も語ろうとはしなかった。

――どうもおかしい。裏に何かあるのか。弁護士の正義感もこの程度なのか。それとも相談料を払えと言うことか。

と、その態度と応対ぶりに幻滅させられた記憶は消し難い。

今にして思うと、知事逮捕の最終決断を下した当時の県警本部長加藤巳ノ平警視監と、終始冷静に事件を見つめて動じなかった笠間恵県公安委員長、独自捜査に執念を燃やし続けた福島地検の検事達の信念に満ち満ちた、折々の毅然たる態度が何としても鮮明に瞼に浮かぶ。県政は権力を欲しいままにする人々のものではなくて、真面目に生きる善良な県民全体のものだという厳粛な真実を、事件を通して広く県民に知らしめたからなのであろう。

事件に関わって逮捕された人達は、いずれも起訴され、実刑か執行猶予付きかの差はあるにせよ、それぞれ全員がその後有罪の判決を受け刑が確定した。最も重かったのは元知事に対する懲役一年六月の実刑判決だった。

ただ昭和五十一（一九七六）年十月十四日、初公判での起訴状朗読に対する罪状認否で、元知事は起訴事実を全面的に否認した。すかさず立ち上がった宗像担当検事は、被告席をにらみつけるようにこう言った。

「被告人は知事在任中、県内外の企業や会社工場から、政治献金の名目で多額の賄賂を収受し裏資産として備蓄していた事実がある。本件が賄賂であることの補強として、必要に応じて立証いたします」

全ての裏付けはすでに、検察の手に握られていたのであった。

県政疑獄事件の嵐は去った。

しかし一連の事件は、その底流にどす黒い巨大な渦があって、今回の捜査もそこまでは及ばなかった点、いかにも中途半端で残念だとする見方は根強く残っていた。

疑獄の疑獄たる所以《ゆえん》は、実はその背景に次期知事の座を巡る権力闘争があったというのである。登場するのは「県政を蔭で操る東北の小佐野」とまで言われた人物であった。県内の実業界に君臨するこの人は、中央政界中枢にも太い人脈を持っていて、マスコミから疑惑追及のキャンペーンまで張られたことのある男。今回の事件も、県政界内部の親密派対反対派が、四年後に照準を合わせて対決姿勢をむき出しにしたところにその根源があったというのである。

双方が担ぎ出そうとしている候補者名が見え隠れするなか、この勢力争いであれだけの人々が互いに傷つき倒れて、その野望も雲散霧消したことを思うと、政界の表と裏が一度に見えて来て何ともやりきれない。権力闘争とは常にこういうものなのであろう。

一連の事件で県を去った首脳達は、直接事件に関係があるなしに拘わらず、ずば抜けて力のある名実共に世の指導者だったことを思うと、今更ながら痛恨の念に耐えない。ことの是非善悪をわきまえ隙《すき》さえ見せなければ、晩年を汚し一生を棒に振ることもなかった筈なのに、あれだけの人達がなぜこうもうかつに罠にはめられ己に負けたのか。現世の人々がすべからく神様仏様ばかりだったら、これほど無味乾燥で面白味のない世の中もまたないだろうとは思うのだが……。

人間・この不可解なるものよ、である。

異色の大先輩・山口一男元県議が、病院で逝去されたのは知事に判決が言い渡された年昭和五十二（一九七七）年の四月二十一日早朝だった。

――山口さんが健在だったら、県政疑獄事件とはどう向き合っただろう。おそらくはあの病室で歯ぎしりをしていたに違いない。俺は大先輩の思いを果たしてどこまでぶつけ得ただろう。今となっては直接聞いてみることも出来ないのがひどく寂しい。

私が木村元知事と偶然会ったのは、それから七年後。県政疑獄の追及が響いてか、次の選挙で惜敗した私が、再び県議に返り咲いた頃のことだった。ある県関係者の葬儀に参列して、会場の狭い廊下を歩いていると、バッタリ鉢合わせになったのである。「あっ、知事だ！」私の全身に一瞬困惑が走った。老いたりとはいえ、彼は見るからに健康そうで、相変わらずの貫禄もそなえていた。私は咄嗟《とっさ》に、

「あの節は、生意気なことを申し上げ、議会質問とはいえ失礼致しました」

と言って、身を堅くしながら会釈をした。

するとと木村元知事は、日焼けした顔を私に向け、目をギョロリとさせて、

「おー佐藤君か。おめぇの言う通りだ……んー」

と応じた。そのたったひと言だったが、私は、言葉の余韻と彼の仕草から、あの時の知事の胸中を、今にして打ち明けられたように思えた。

すれ違って背中を見送りながら、

――やっぱり知事は、当時の表向き権力的な姿勢とは裏腹に、ひ孫のような若輩が迫った辞任の真意を、自分なりにきちんと受け止めていた。知事自身のために、現職知事としての逮捕だけは、何としても避けるべきだという、願いにも似た追及だったことを……

何故かホッとさせられる。

無念にも晩節を汚し、罪を償って後、自らの本音をひと言で語る老政治家『木村』の、どデカイ包容力と人間性の一面を、その時私は、瞬時に見せつけられた思いがした。

私にとってこれが、木村元知事との最後の会話となったのである。

試練の時再び

1

次の県議選昭和五十四（一九七九）年四月、私は二度目の落選を経験する。「県政疑獄事件の犠牲者が、また一人出た」と言われた。

しかし私には、何かしらほっとする思いもあった。三期十二年間ひたむきに走り続けて来て、政治の醜さ、議会の阿呆らしさにつくづく嫌気がさしていたからでもあった。

――もういいではないか。やるだけのことはやった。疑獄の追及が結果的に僅差の敗北に繋がったとしても落選は落選だ。これが見せしめとなって口をつぐむ腰抜けばかりでもあるまい。割り切って自由を享受出来ることを幸せだと思えばいいのだ。

そう考えた私ではあったが、選挙の後始末や当面の生活をどうするかはやはり深刻な問題だった。

もとより議員に退職金はなかった。二人の娘は共に中学生で明日からの生活費は勿論、学校へ持たせてやるPTA会費・給食代にもこと欠く。親としての最低の責任だけはどうしても果たさなければならなかった。

地元の公共職業安定所へも何度か足を運んで相談した。だが、

「中高年齢者の再就職はなかなか厳しい現状にあります。ましてや先生の場合、管内で使いこなせる人なんておりませんよ」

結論はこういうことでラチが明かない。

――議員は潰《つぶ》しが利《き》かないということか。社会党議員だったから難しいということか。いずれにせよ人間を知らな過ぎる。よしっ、ならば自力解決以外にはない。

腹を立てても仕方のないことだった。

そんなある日、

「お父さん、これ使ってもいいよ」

家の窮状を察していたかのように、真理と真樹がそう言いながら自分達の郵便貯金通

帳をそっと差し出した。

「あら、真理と真樹に貯金なんかあったの？　大丈夫だ、そんな心配はするな。お父さん何とかするから」

貯金通帳の残高は見なかった。だが私は娘達の思わぬいじらしさに、嬉しく胸を詰まらせた。

「これからどうするの？」

「うん、商売でもやろうかと考えているところなんだ」

「商売？　お父さんに商売なんか出来る筈ないじゃん」

「……」

私は以前、県の専門職から聞いたことのあった話で、酵素を使った土壌改良材に興味をもっていた。真理には一言のもとに商売は向かないと言われたが、やるとすればそんな仕事でも始める以外にはない。

知事は出直し選挙で会津の殿様・松平勇雄に代わり幹部も一新されたが、いずれも知らない仲ではない。県の誰かに人間的な信頼関係を元に職を依頼すれば、職安とは違っ

て適当な仕事を探し出すことも充分可能だった。だが私は、

——俺にもプライドはある。そんな情けないことはすべきではないし、やってはならないことだ。

と、思っていた。

——失業したら誰だって、生きる道は自分で探す。農業の現状は厳しいが、いい作物はいい土壌にしか出来ない。最近とみに痩《や》せて来た農地を肥沃《ひよく》にする仕事なら、議員活動の継続性から言っても意味はありそうだ。

そう考えた私は、福島市内でその製品を販売していた野口商会を探し当て、話を聞いてみた。製造元は宮崎県日南市の『㈱昭和酵素』で、菜園や果樹園、田圃でも実にいい結果が出ていると言う。仕事としては面白そうな気がした。直ちに野口商会から製品を仕入れ、身内の農家数軒に依頼して現地での試用実験を開始した。

やがて次々に結果が出た。幸いどこでも立派な作物が収穫出来て評判は上々だった。口コミで忽ち噂が広がり、「家にもぜひ分けて欲しい」と注文が来るなど、武士の商法もまずは意外や意外の結果を生んだ。

一袋二十キログラムの製品を、日に何十袋も何百袋も一度に方々へ配達するには当然トラックが必要になったが、荷台の鉄製パイプに幌を被せた安い中古の一トン車も難なく購入することが出来た。朝から晩まで夫婦二人で汗まみれになっての配達と集金業務が続き、

――これが本当の自力更正だ。スーツにネクタイ姿の議員より遥かに爽快感がある。体調だって重労働の割には万全だ。神様が助けてくれたのだろう。

と、思えるほど仕事は順調だった。

商品の保管倉庫も不可欠だったが、高野原の実家から会津坂下町福原の篤農家へ嫁いだいとこのトヨ子が、夫の長峯栄伸と共になにかにつけて好意的で、自宅敷地内の立派な倉庫も貸してくれた。保管は完璧、フォークリフトも購入出来た。

最大の楽しみと励みは、酵素剤を入れた田畑で生育する健康な作物を見て回り、それをスライドの写真に撮って、農家の人達と比較研究の映写会を開くことだった。熱心な篤農家にも多くの友人が増え、献身的な協力が得られた。冬場を迎えて仕事も収入もなくなると、私はためらうことなく宮崎県の本社へ三カ月間の出稼ぎにも行った。

次の県議改選期が近づくにつれ、支持者の間からは「再起を目指して運動を開始すべきだ」との強い意見が出始め、私は仕事と選挙のどちらを採るかで悩み深い時期を迎えることになった。

突然胃に激痛が走って病院へ行くと、医師は「ストレスが原因の胃潰瘍だ」と診断、そのまま入院の身になったのもその頃だった。

吐血下血が止まらず、医者は当初手術を考えていたようだった。しかし、「少し様子を見ましょう」と言っているうちに、いつの間にか「手術はしなくてもいいでしょう」に変わったのはいかにも幸運だった。神がかり的だが、入院して間もなく陽子が病室で読んでいた『主婦の友』に、酵素飲料の話が載っていて、興味を持った私がすぐ取り寄せ試飲したのがよかったらしい。二つあった卵大の潰瘍が二週間で消えたのである。何回かの透視で、手術のタイミングを計っていた医師が驚いたのも無理はなかった。

電話で「至急飲みたい」と注文すると、東京の本社からわざわざ幹部社員が病院まで現品を持って来てくれた。酵素飲料の文献（ドイツ語）もあって試飲する前に医師に読んでもらい、「飲みたいと思うならいいでしょう」と主治医も了解したうえでの試飲だった。勿論病院からの薬や点滴・輸血も続けたが、こんなに早く症状が改善したのは、どう考えても酵素飲料のせいだとしか言いようがなかった。

二十日程で退院出来た私は、土壌改良剤だけでなく、今度は健康飲料の酵素と、同社の酵素基礎化粧品販売も始めたのである。

会社も喜んで力を貸してくれ、当初売上げは予想を遥かに超えた。薬ではないにせよ、私の実体験が何よりの説得力になったのであった。人生どこでどうなるものやら本当に判らないものである。

商売が面白くなって夢中で方々を飛び回っていた昭和五十七（一九八二）年八月初旬のある日、福島の兄公基から突然の知らせが入った。

「母さんが体調を崩して県立医大病院に入院した。今すぐどうこうではないが、暇を見て陽子と元気づけに来てくれ」

驚いた私は早速陽子と共に病院へ直行した。

年老いた範子は痩せ衰えて背中の丸まった小さな体をベッドに横たえていた。嬉しそうに弱々しい笑顔を見せた。

「母さんどうしたの、大丈夫?……」

「うん、なんだか胃の具合が悪くて入院したけどもういいの。夏負けでしょう」

「今年の暑さは格別だから涼しくなるまでゆっくり休んでいればいい。当分は森合の姉さんと陽子が交替で病院に来るから」

「忙しいでしょうからいいよ」

何となく辛そうで元気もなかった。

範子は夏負けなどではなく、医師の診断は胃ガンだった。しかもかなり転移が進んでいてすでに手の施しようがなくなっていたのである。病状を聞いて駆けつけた兄妹は茫然として悲しみに沈んだ。

それから二週間ほど経った八月十四日、お盆を迎えて暑い日の昼さがりだった。食事を摂った直後に範子の容体は急変した。付き添っていた美恵子と陽子が、洗い物があって病室を出たちょうどその時と重なった。たまたま見舞に来られた公基の慕う上司、中沢先生ご夫妻が範子の最期を看取ることとなったのである。肉親の誰が駆けつける間もなかったとはいえ、それがせめてもの救いであった。範子は静かに息を引き取ったのである。

範子は、医師が驚くほどの我慢強さを見せ、病状の進行に伴う苦痛や治療に対しても、弱音は一切吐かなかったと看護婦は言った。駆けつけた医師によって続けられた最後の処置や人工呼吸も無駄だった。範子は安らかな表情さえ見せてそのままだった。

夫が戦争へ征《い》った四十一歳のあの時から、残された六人の子育てと、つぎつぎに生まれた長兄の内孫三人の面倒を見ることにほぼ全生涯を捧げ、とうとう逝ってしまった八十一歳の今日まで、範子は自分の人生をどんな思いでふり返ったろう。

——北海道での明るい日々、夫との別離と悲劇がもたらしたどん底の日々、先が見えて安心出来た平穏な日々、そしてみんなに大事にされ嬉しそうだった老後の日々、でもどことなく寂しそうで可哀想な人だった……。

折々の『大きな母』を思い起こす兄妹達の目に、とめどもなく涙が溢れた。

とうとう次期県議選の決断を迫られる場面がやって来た。結局党や後援会、支持者の声を無下に断ることは事実上出来なくなっていたのである。落ちてもともとだと意を決した私は、昭和五十八（一九八三）年四月の県議選に再び打って出た。

結果は選挙区の耶麻郡で、党が有史以来最高となる一万四千六百四十三票を獲得、見事トップ当選で返り咲きを果たしたのだった。有権者は四度私を指名したのである。

地元紙の民報・民友はそれぞれ『帰って来た論客』『足の選挙でカムバック』の見出しで大きく報道した。わが陣営の誰もが、感激の涙にむせんで爆発的な歓声を発したのは言うまでもないことだった。

再び公務に復帰してからは土壌改良剤の配達が事実上無理になった。それに相次ぐ値上げで農家に勧めづらくもなっていたため、この仕事は思い切ってやめることにした。しかし酵素飲料と化粧品の方は、愛用する固定客があってやめるわけにもいかず、そのまま商品を取り次ぐ形を継続した。商売抜きの委託サービス業務である。

四年間の決算トータルは、銀行から数度にわたって借り受けた運転資金のうち、約四百万円の負債が残る状態、要するに赤字決算であった。いみじくも当初真理が指摘した通りになったのである。

2

「奥様が交通事故に遭われ、竹田病院に入院されたそうです。至急病院の方へ電話をして下さい。お医者様からのご伝言です」

六月定例議会の本会議場で、議会事務局の女性職員が私にこんなメモを渡してくれたのは昭和五十九（一九八四）年六月二十五日午後三時頃だった。びっくりして控室へ戻り、すぐ病院へ電話を入れた。

「ご主人ですか、奥様がかなりの重傷です。すぐおいで下さい」

医師らしい人はそう言って電話を切った。詳しい事情も判らないままに、私は議会が手配してくれた車で病院へ向かった。会津若松市までの約二時間胸騒ぎは収まらなかった。

集中治療室に入ると、酸素マスクを付けてベッドに横たわる陽子は、文字通り虫の息で意識も全くなかった。ほぼ全身が皮下出血で紫色に腫れ上がり、見るも無惨な状態だ。

医師がレントゲン写真を掲げながら容態を説明してくれた。

「肋骨が左右十三本骨折し、頭蓋骨と鎖骨、恥骨にも骨折があります。肝臓と腎臓に内部損傷が認められ危篤の状態です。見通しは難しく、ここ一両日がヤマでしょう」

「脳はどうですか、呼吸が苦しそうなのは肺がやられたからですか」

「脳は大丈夫なようですが、折れた肋骨が何本か肺に刺さっていて出血があります。危険は伴いますが、これから溜まった血を外に抜く処置をします」

私は血の気を失っていた。

身内に電話を入れて急を知らせてから、処置室の家族控室へ引き返した。じっとしていても自分が手術を受けているような気持ちになる。ましてや昨日まであんなに元気だった陽子が、注文品の配達に出たために、一転して生死の淵を彷徨《さまよ》っているのかと思うと何ともやり切れない。

「佐藤さん、済みましたよ」

一時間ほど経ってから看護婦が教えに来てくれた。促されて集中治療室に入ると、陽子は依然として意識不明、右胸のあばら下中央部に穴が開けられ、直径二センチ程の透明なビニール管が刺し込まれている。見るからに痛々しく、管を通って少しずつ流れ出る鮮血が不気味だった。

「大丈夫でしょうか」

「何とも言えません」

と、医師は言った。

一体どこで何があったのか。会津若松署の交通課に電話を入れ、お世話になったお礼を言ってから事故の概略について聞いてみた。電話に出た警察官は、書類を読む感じで、

「午後二時半頃、見通しの悪い北会津村の県道交差点で、普通乗用車と軽乗用車が出合い頭に衝突。軽乗用車の女性運転手が重傷を負った事故で、普通車の男性運転手は無事……以上です」

当然ながら詳しい説明はなかった。

陽子の過失なのか？　一瞬不安がよぎった。しかし今はそんなことより命が先決だ。助かってくれよ陽子……祈るようなやるせない気持ちでベッドに付き添った。陽子はピクリともしなかった。

事故の相手だという男性が病棟を訪ねたのはそんな時だった。会津若松市内の自動車販売整備会社に勤める小柄な三十代の独身男性で、案外落ち着いていた。

「君に怪我はなかったの？」

「私は大丈夫でした。奥さんどうですか」

「医者は今晩がヤマだと言ってます。何が原因だったんですか」

「警察が現場検証に来た時は、奥さんの信号無視だと言ってました」

「そうでしたか。とんだご迷惑をおかけしました」

私は困惑した。


夜になって身内・親戚が集まった。陽子の容態は依然として絶望的だった。輸血に使うＡＢ型血液が大量に必要にもなっていた。社会党若松総支部の呼びかけで、労働組合や後援会の人達が驚くほど大勢、真夜中の献血にほぼ全会津地域から駆けつけてくれたのは本当に驚きだった。

一進一退を繰り返した容態が、医師団の必死の処置と輸血で奇跡的に危機を脱したのは四日目のこと。陽子の意識は戻ったのである。私と一緒に高二の真樹、大学に進学したばかりだった真理が、目を泣きはらしながらベッドの側にいた。陽子は、

「どうしたの、ここはどこ?」

不思議そうに最初のひとことを発した。

陽子のおふくろが以来病院に泊まり込みで付きっきりの看護に当たった。

それからおよそ一週間後、容態がほぼ安定した陽子が、その後の経過を何も知らずに語ったあの日の記憶は、警察の見解とは明らかに対立するものだった。

——何が事実なのかは自分で確かめる以外にはない。あまりにも違い過ぎる。

陽子とのやりとりはこうだった。

「私は、あの時交差点のかなり前から、信号が赤だったのでゆっくり走っていた。配達を終えた帰りで、急ぐ用事もなく前後に車もなかった。交差点の直前でスピードを落とすと信号が青に変わった。そのままの遅いスピードで交差点に入るとすぐ、右側の県道から黒い塊のようなものが急に迫って来たと思う間もなく、私の運転席に激しくぶつかった。『くろいかたまり』とは、あの時それが車には見えない程速かったからで、あっちの

信号は間違いなく黄色から赤に変わって一、二秒経っていた筈だわ。まだ大丈夫だろうとスピードを上げ、無理に交差点を通過しようとしたのだと思う」

「対向車線に車はあったか?」

「黄色っぽい大型トラックが停まっていたと思う。その運転手さんは、私が車ごと飛ばされたのを見て急いで車を降り私を救出してくれた。一瞬のことでそれから私は何も判らなくなった。救急車でここへ運ばれたのも判らなかった。トラックの運転手さんに聞けば、全てがハッキリするわ」

「対向車線に大型トラックが停まっていたのなら、信号は赤だったからではないのか」

「信号が青に変わったのに、なぜトラックが発進しなかったのかは私には判らない。ただ信号が青に変わったことだけは絶対に間違いはない。私はあの時確認したし、もし私にミスがあっての事故だったら私はきちんとそう言うわ。あのまま死んでいたらどうなったかと思うとぞっとするから、事実は事実としてそのままを言うのよ。お父さん、あのトラック探せないかしら」

「よし判った。探してみよう。お前が記憶違いをしているかも知れないし……」

私は、陽子の言う黄色っぽい大型トラックを追って、積み荷の降ろし先を探すことから自力調査を開始した。

事件記者のカンは少しも衰えてはいなかった。事故現場周辺の沿道住民への聞き込みなどから、間もなく積み荷は合板に使うチップ材で、会津若松市内の某開発会社材料置場に降ろされたことを突き止めた。

さらに調査を続けた結果、このトラックは新潟県三条市内に事務所を置く某林産会社所有のいすゞ社製で、積載制限重量九トンのディーゼル車。チップ輸送専用車のため、天井を網で覆う長方形の大きな箱を荷台一杯に乗せて走っていて、当日の運転手は工藤満雄という人であることも判明した。そして、このトラックの後ろにもう一台、地元河東町に事業所のある某建設関連会社の普通車が停まっていたことも判った。

3

工藤運転手とは詳細を電話で話すことも出来て面談する日時が決まった。会ってみると年齢は四十歳代、いかにも純朴で屈強な山男といった印象だった。

「お忙しいところ恐縮です。あなたに助けて戴いた家内は全治三カ月で入院中ですが、警察は家内の信号無視だと言い、家内は全く逆だと言うのです。工藤さんでなければはっきりしないこともありますので、ぜひあの日のことを教えて下さい。家内の話を聞いて疑問に思う点を一つ一つお聞きしますが、全てをテープに録音させて戴くことを事前にご了解願いたいのです。宜しいでしょうか」

「ああいいですよ」

「ではお聞きします。まず、対向車線の一番前に停まっていたあなたは、事故が起きた瞬間時の信号を覚えていますか」

「ちょうど運転席の床の落とし物を探していて、信号は見ていなかったんです」

「家内は、交差点のずっと手前から信号が赤だったのでゆっくり走っていた。交差点の直前で信号が青に変わるのを確認した。そのままの遅いスピードで交差点に入った……と言うんですが」

「奥さんの軽四輪は確かにゆっくり運転でした。信号待ちをしていた時に、前から来る車は一台だけだったのでそれとなく見ていた。俺が落とし物を探して拾おうとしていた停車時間を考えると、信号が青に変わるタイミングだったことも確かだ。あの交差点はよく停まるので大体判る。俺はあの時たまたま信号とにらめっこの状態ではなかったので、青信号に気付かず発進させなかったのだと思う。なんせ一瞬のこと、ドーンという音にびっくりして顔を上げると、軽四輪に衝突した普通車が、反動でコマのようにくるくる回りながら暴走、七、八十メートル先の田圃に突っ込んでようやく停まった。それは凄かった。すぐ車を飛び降り、土手に叩きつけられた奥さんを車から出しているところへ、その運転手も来たので『相当飛ばしていたなっ、今何キロ出していたっ?』と大声で聞いたほどだった。奴は黙っていたが、あっちに怪我がなかったのが不思議なくらいだ」

「工藤さんは、それからすぐ現場を離れたんですか」

「そう、新潟へ戻らなければならなかったので、『怪我がなかったんならすぐ救急車の手配をしろよ』と言って離れた」

「信号待ちの後続車は何台ありましたか」

「俺のすぐ後ろに、乗用車のバンが一台だけ停まっていたと思う」

「私が調べたところ、警察が現場検証に来た時には、事故現場にはそのバンの運転手しかおらず、警察はその人からの証言を得て帰ったようです。しかし家内の話で、対向車線の先頭にいたのは大型トラックで、バンの運転席から信号は見える筈がないことが判った。警察は『信号待ちで停まっていたので信号は赤だった』と言ったであろうバンの運転手の証言から、『原因は軽の信号無視だ』と断定したのだと思うんです」

「俺のトラックのすぐ後ろに停まって、普通車の運転席から信号を見ようたって見える訳がないわ。チップを山盛りに積むと高さは四メートル近くなる。それに四角なでかい箱だ。奥さんの車は確かに信号無視で交差点に突っ込んで来た車のスピードではなかった」

「トラックのサイズは判りますか?」

工藤は、「車検証を持って来る」と言って部屋を出るとすぐ戻って来た。

「えーと全長一二メートル、幅二・五メートル、高さ三・八メートルだな。後ろに付いたら前は見えん」

「工藤さんは警察から、当日の事情について聞かれたことがありましたか」

「いや、警察が来た頃現場にはいなかったし警察は俺を知らないと思う。連絡もない」

「大変失礼ですが、もし警察から当日の証言を求められることがあった場合、今お話戴いた通りのことを話されますか」

「勿論だ。俺は双方に関係はない。あの事故を見て知っていることは今話した通りだし変える理由もない」


その後陽子は、まさに奇跡的な回復ぶりを見せていた。事故以来二カ月、八月の下旬には退院出来ることになったのである。医者の力の偉大さに、私は改めて敬服させられる思いがした。看護で疲れきった筈のおふくろも、真理や真樹も、すっかり明るさを取り戻していた。

会津若松署から、陽子が初めて呼び出しを受けたのは、退院後ずっと過ぎてからの十月十九日だった。警察は「現場検証の際、あなたに信号の色を質したところ『判らない』

と言った」という陽子の証言を根拠に、やはりこちらに不利な判断を固めていた。しかし瀕死の重傷で意識不明だった陽子は、

「それはあり得ないことです。聞かれたことさえ私には全然覚えがありません」

と答えたと言う。

——そういえば主治医も言っていたが、担ぎ込まれた次の日に、警察から電話があって「本人から事情を聞きたい」と言われた。「意識不明の重体です」と主治医は即座に断ったという。警察はなぜ事故の状況を正確に把握していないのだろう？　変な話ではないか。事故の相手の会社が、パトカーや白バイの補修点検指定工場で、警察官は事故の当事者とも顔見知りだったという風聞は、果たして本当なのだろうか？

私は疑念を深めるばかりだった。

十二月に入ると地検会津若松支部からの呼び出しに変わった。判断は別としても穏やかだった警察の事情聴取とは打って変わって、検察の取り調べは頭から高飛車だった。受付の男性職員から「奥さんは信号無視ですね？」と聞かれ、「違います」と答えたと

ころ、「では裁判になります。今日は帰って下さい」と一発でそっぽを向かれたり、何度聞いても同じ答えになる陽子に、腹を立てた事務官が怒鳴りつけたりもしたという。

しまいには、

「力がある人だから正しいとは限らない。証拠があるなら持って来いっ！」

と、凄い剣幕だったと聞かされた私は、

――俺が議員であるか否かは何の関係もないことだ。ましてや事故の当事者でもないので自重して来たが、事務官とはいえそんな挑発までするのなら、よしっ、被害者の夫として出て行ってやる。県政疑獄では警察や検察に信頼を寄せたが、刑事事件でもないのに家族がこんな目に遭うと、到底信頼どころの話ではなくなる。何が真実なのかは自分ではっきりさせる以外にはない。

憤然と腹を決めた私は、翌日陽子と一緒に地検支部へ出向いた。応対に出た問題の事務官に、私は名刺を出さずにこう言った。

「私は被害者の夫で佐藤と言います。いくら検察事務官でも、随分ひどいことを言うものだと昨日までは我慢をして来ました。しかし『証拠があるなら持って来い』と怒鳴られたと聞いては黙っているわけにもいかず、今日はその証拠を持って参りました」

「怒鳴ったりはしていません。ただ警察から送られた調書はそうなっています。だから申し上げたのです」

「私がお聞きしているのは検察の判断です」

話し合いは平行線だった。私は『工藤テープ』をセットしたテープレコーダーを取り出して机の上に置いた。そしてその全部を聞いてもらった。

「こんなものは証拠にならんですか」

私の問いかけに事務官は無言だった。

机上には、問題の大型トラックと、そのすぐ後ろに停まっていた普通車のバンを、それぞれ正面と側面から撮った四枚の写真。それに事故現場で実際に信号待ちをしているそのトラックのすぐ後ろに付けて、私が自家用普通車の運転席から撮った左右正面三枚の写真が、きっちり並べて置いてあった。

結局この事故は、同年十二月末日、稀にしかないとされる『双方の責任を問わない』事故として処理された。俗に言う青青事件である。

——到底納得は出来ない。陽子があのまま死亡していたら、あるいは被害者が加害者にされて葬られたケースになる。怖いことだ。しかし出来る限りのことを全てやった上での結果なら、これ以上争ったところで見通しは立たないだろう。陽子の心身に深く残った後遺症だけが生涯重くのしかかる。

私は力尽きる思いを嚙み締めた。

4

五選を目指した昭和六十二（一九八七）年四月の県議選で、私は前回に引き続きトップ当選を果たした。社会党県議団の会長にも選任され多忙を極める日が続いた。

議会では何にも増して当選回数がものをいう。いくら年輩者や有名大学出でもこれだけはどうにもならない。自民党なら三期か四期で議長、社会党なら四期か五期で議員団会長になる。当然責任は重く判断ミスは許されない立場、県政の動きにも絶えず神経を配らなければならなかった。

選挙区を離れ、公務に没頭せざるを得ない日々が続くと、ついつい気がもめて仕事は適当に片付けようと思いがちになる。だが、適当にまとめた緊急要望や提言では決して県は動かせないものである。

特に現実の課題解決に向けた政策要求や代表質問演説（一時間）の草稿などは、どうしても精魂込めて調査を重ね、勘どころでは県の実情と先進県のそれとを比較分析する中から、確たる手立てを具体的に述べて実現を迫るといった内容にせざるを得ない。

中身のない思いつきをその都度いくらまくし立てても相手はただ聞きおく程度、印刷物にしたところで忽ち紙屑屋行きになるのがオチである。手順を踏んでことをまとめ、内容のある文書にして行政に一考を促すという仕事は簡単なようで実は極めて難しい。

議員に最も必要な能力は、説得力や数字に強いことなど一般論を除けば、読解力プラス文章を書いてまとめる力量である。これがなければ議員は務まらない。この資質の有無と力量の程度が議員の政治活動を決定づけると言っても過言ではない。

支持者宅を絶えず巡回してひたすら選挙区を歩くことが、一番身のためであることぐらい議員なら誰だって知っている。それさえ続けていれば御身安泰ならこんな楽な仕事もまたないであろう。しかし勉強を怠る議員はいつの間にか仲間からの信も失い、陰で軽蔑される議員になってしまうのだから怖い。見抜かれてしまうと、役人にまで軽くあしらわれて単なる員数議員の一人としか見られなくなり、いざという時の仕事でも、押しも顔もまるで利かない存在になってしまうのだ。

そんな惨めな議員にしてはならない。議会の怖さを知り、県民に責任の持てる政策マンを育てようということで、議員団の会長は連日やる気のある若い議員達の勉強会に付き合い、質問原稿の要点や問題・課題の解説、原稿の添削、間断なく開かれる各種会合での発言内容に至るまで、広い視野からの手ほどきを伝授して共に研鑽に励むことになる。

もとより議員は、それぞれが住民から直接選ばれた選良で身分は同等だ。プライドばかり高くてどうしようもない議員もわんさといる。

やればやる程、難しい仕事は全て、やる気があってきちんと結果の出せる人の肩にかかり、やる気もなく任せられもしない議員は、いつも自分のことばかりに没頭して選挙にだけは強くなる。同じ議員でありながら、この不平等を解消する具体策だけは、どう苦労してみても簡単には打ち出せなかった。

選挙区へも満足に帰れない会長の立場と多忙が災いして、平成三（一九九一）年四月、六選目の選挙で私はまたしても惜敗した。

――もう沢山だ。議員は卒業だ。

つくづくそう思った。しかしそれもつかの間だった。衆議院議員の渡部行雄が脳梗塞で倒れ、党会津ブロック協議会議長だった私が、その責任から次期衆院選に出馬せざるを得なくなったのである。

旧選挙区の福島二区は定数が五名で、社会党は二つの議席を持っていた。県南と会津に一人ずつで県南の志賀一夫は今回二期目に挑戦する。従ってどうしても会津から、渡部に代わる新人を出そうというのが党会津ブロック全体の意向だったのである。私は最後の社会党公認候補者として平成五（一九九三）年七月、総選挙に臨むことになった。

政治改革や政界再編の渦が激しさを増していて選挙後の政権の枠組みも不透明だった。党の中央も内実はすでにばらばらで、社会党からの当選は極めて難しい情勢にあった。

結果は初陣の私が四万一千余票を獲得して六千票差の次点に迫ったものの、他の党公認現役候補は県内三つの選挙区でいずれも落選、社会党は全滅に終わった。

アルバイトを続けながら東京の大学を出た真理が、入社して間もなかった大手の会社を自分の判断で退職、最後まで日夜選挙を一緒に戦ってくれたことや、またまた大きな迷惑をかけた兄妹、親戚一同の落胆を思うと私の気持ちは辛く複雑だった。

——お人好しにも程がありそうだ。党に責任など感ずる必要が果たしてあったのか。醜態をさらけ出して事実上消滅したその後の社会党と、無責任な幹部の動向などを見せつけられればなおのこと、この地域でこれまで俺を信じて社会党を支援し入党した人達に、俺は一体どう責任を取ればいいと言うのか。思えばこの身はただただ斬られるように痛む。大声で叫びたい。責任の取り方を教えて逝った親父よ、親父だったらどうする。やっぱり自決するのか。教えてくれ！

空しい煩悶《はんもん》だった。しかし反面別な疑問も湧いてくる。

——みんなが嫌がり逃げ出す仕事を、引き受けてやる者が常に貧乏くじを引き、当たり前の生き方が、綺麗ごとの理想主義だと嘲笑を呼ぶ政界の現実は確かに狂っている。利権にまみれ、政治家の道義地に堕ちたこの国に、果たして未来はあるのか。

私は深く沈黙した。

私には家柄も、財力も、知名度も、立派な経歴もなかった。もし師範学校を出ていたら全く別な人生を歩んだだろう。政治を信ずるに足るものに変えたいと願い、苦難に立ち向かうは人としての価値ある生き方だと信じ、同じ立場に在る圧倒的多数に、実力で戦う勇気を与え続けることになれば……と発奮した。

平成七（一九九五）年二月、最後は地元のためにどうしてもと乞われ、少しでも恩返しが出来るのならと社会党を離党、無所属で戦った町長選挙もあと二十一票で当落逆転のきわどさを残して落選した。

思えば落選も随分経験した。しかし、権力にも金権にも無縁な戦いを挑んで走り続けた四十年に全く悔いはない。

ただ、あれ以来一庶民の生活に戻ってみて、その日常がこんなにも気楽で静かだったことを知るにつけ、これまでの呪縛《じゅばく》と窮屈さは一体何だったのか、と思えてしまう。

今にしてしみじみ実感させられる諸行無常である。

私に蓄えや資産は一切ない。

県議の歳費は決して少なくはない。だが税金や各種天引きも桁外れに大きく、特に議員党費の高い（歳費の一三％）社会党議員の場合、手取り額は大体額面の半分になるのが通例だった。加えて四年に一度の選挙である。企業から潤沢《じゅんたく》な政治献金を得ていたのなら話は別だ。だが、そのこと自体を政治悪だと考えて来たわが身にすれば、借金が残らない方が不思議だった。

現に負債の残高は山程ある。自宅と土地の長期ローン。二十数年たってモルタルのひび割れから雨漏りが始まり、やむなく補修した際の公庫のリフォーム資金まで、全てのローンを完済するにはあと八年はかかる。

それだけではない。

選挙の都度迷惑をかけ通しで来たのに、それぞれの退職金や給料で、永かった政治活動の累積債務を肩代わりしてくれた兄妹やわが子に対する道義的な責任が大きく残る。そして善意の個人カンパで最後まで、陰に陽にこれまでの選挙を支えてくれた数多くの支持者に対する義理を考えれば、際限がないほど精神的な負担は重い。

全てをカネに換算して人生を断ずる考え方は毛頭ない。しかし最低生活の年金しか残らないわが身の今を思うと、ついぞ考えてもみなかった『老後の生活』なだけに、お世話になった人達に、意とすることもしてやれない自分がただただ申し訳ないと思えてしまう。

——まともにこの世界を生きた者の末路は常にこういうものだと割り切ればいい。子孫よ決して踏み込むべからず……ただし公職のこの厳しさを真にわきまえ、それに真っすぐ耐えうる者あらば戦え！　である。


明日の忙しい日程や立場の煩わしさからも全く解放され、秋たけなわのある日、田中忠行と連れ立って旅に出た。

米沢市の山あいの温泉旅館で真夜中、のんびり風呂に浸かっていたら忠行が突然こう言った。

「俺、今までなんだどってわがを、じいっと応援すて来たが判っかあ？」

私は一瞬返事に詰まった。

「お互いの親同士、息子同士が一の木小学校の同級生で、仲間だったからだろう」

忠行は、そんな上っ面な捉《とら》え方しか出来ないのか、と言わんばかりの表情を見せながらしんみりこう語った。

「わがはこめらの時も、師範をやめで百姓やった時も、選挙さ出で落選すた時も当選を続けだ時も、そすてまたひでぇ目に遭ってがらも、一向に変わらながったがらだ」

「そうか、つまり人間が馬鹿だって言うことだ」

「いや、誰と言わじ議員など永ぐやれば、てぇげぇは途中がら人種が変わるもんだ。わがみでぇな貴重な馬鹿はやだらにいねぇわ。なじょに考えでも政治には馬鹿が必要な時代だずに」

「実態を知らずに踏み込んだこの世界で、絶えず誘惑に取り巻かれる権力を見ていたら、俺は同類項にだけはなりたくないと思うようになった。やせ我慢の意地ではなくて、人間として自然に個の完結を期する方が重いと思ったんだ。利口になれなかったのは当然だ」

露天風呂の岩間から湯舟に流れ込む、熱い単純泉の快い旋律に浸《つ》かりながら、二人は顔を見合わせて屈託なく笑った。

五章

遠い道

自分探しの旅

日々時間に関係なく、自由に過ごせるようになった私は、

――ここからは新しい自分探しの旅になる。こんな自分に果たして隠れた才能などあるのだろうか？　何かをやらなければこの時間はいかにも勿体ない。

と思うようになった。

そしてごく自然に、私は一日の時間の大半を、自らの『人生報告書』の執筆に費やすようになっていた。自分を突き放して客観的に描く、赤裸々な自分史である。来る日も来る日も、書斎に籠りっ切りになる日が続いた。集中すると食事も摂《と》らず、風呂にも入らず、時には徹夜を重ねる時期さえあった。渾身の思いを込めて、私は堰を切ったようにペンを走らせ、稿を重ねて行った。

それからおよそ二年後、約千二百枚の自分史を纏《まと》め上げたのである。

時には涙しながら綴った原稿には、さすがに愛着がこもる。何度も推敲《すいこう》を重ねるうちに、作品全体が、自分史というよりは私小説に変わって行った。原稿を部分的にカットする度に、身を切られるような痛ましい思いが駆け抜けた。そして、この辺がもう限界だろうと思えた頃、千二百枚の原稿は四百枚に整理されていた。

――ようやくこれでひと仕事を終えた。今度はゆっくり休もう。

そんな気分に浸って、ホッとしたのもつかの間だった。

風の便りに私の近況を聞いて、「作品をぜひ読みたい」という人が相次いだのである。作品に対する反応を、自分で確かめてみたいという気持ちもあって、以後私は、膨大な原稿のコピー作りに明け暮れた。そして読んだ人達からの熱い勧めもあって、私はとうとう初めての自費出版に踏み切ったのである。

『遠い稜線』上装・帯付き三一三頁は、平成九年七月、初版三千部で発刊された。

三千部と聞いて、吃驚する人達も多かった。しかし、単価を出来るだけ安く抑えるためには、思い切って部数を多く作るしかなかったのである。

新聞記者時代からの知り合いで、すぐ隣にあった山形県米沢市のＫＫ・川島印刷が、読み易くて立派な本に仕上げてくれ、当初から予想以上の話題を集めて好評だった。地方紙にも、その都度記事になって出た。

選挙時の後援会有志が、各地元を中心に本の個別売り捌《さば》きに奔走してくれたり、何週にもわたって、今週のベストセラーに『遠い稜線』を掲げてくれる書店などもあって、その後わずか半年足らずのうちに、初版はほぼ完売となっていた。驚きであった。

出版に際し、経費の全額を立て替えてくれ、カットデザインも担当してくれた兄・公基へも、順調にその全てを返済することが出来た。

しかし、執筆からここまで約三年。精魂を尽くした私はひどく疲れ切っていた。

吸入薬で何とか抑えて来た持病の喘息発作が、ここに来てにわかに大発作を誘発するようにもなっていた。極度の疲労が重なった際に起こる、私にすれば当然の症状なのだが、気管支が炎症を起こして狭くなり、息は吸えるのに吐くことが極めて困難になる。断末魔の苦しみの中で、体を丸めて全エネルギーを、ただ呼吸をすることだけに費やす。話すことも体を動かすことも出来なくなり、食事も睡眠も取れなくなった。忽ち体力は消耗し、脂汗だけが頭から首筋にじわじわ流れる。

――クソッ！　これではまるで喘息ダルマじゃないか。たかが喘息くらいで死んでたまるかっ！　それにしても苦しい……こん畜生！

苛立つ感情を、いくら自分にぶつけてみたところで、自力ではもうどうすることも出来ない。頻繁に通院を繰り返す身となったのである。

突然の癌告知

喘息治療のため通院していた、Ｆ総合病院内科の外来診察室で、ある日主治医からこんな話があった。

「食後食べたものが、胃から喉に逆流することはありませんか？」

「そうですねぇ、言われてみると時々あるようです」

「念のため、胃カメラをやってみましょうか？」

私は、喘息と胃はどんな関係にあるのだろうと、医師に尋ねた。

「全て関係があります。検査をすればよく判る筈です」

と言う。検査の予約はすぐ取れた。

指定された日に胃カメラを飲み、一週間後結果を聞くため再び病院へ行った。

「実は佐藤さんの胃の上層部から、灰色の細胞が見つかりました。早く治療した方がいいと思われますので、この際少し入院されてはどうでしょう」

灰色の細胞と聞いた途端、私は反射的に（癌だな？）と思った。

「胃癌なんでしょうか？」

「入院後さらに詳しく調べてから、診断を下します」

癌でないとは言わなかった。私は愕然《がくぜん》として言葉を失った。

病院からの連絡を受け、私がその病院に入院したのは、平成九（一九九七）年十二月四日だった。

入念な各種検査が連日続いて一週間が経過した頃、病室の拡声器を通して、私はカウンセリング室へ来るよう連絡を受けた。（いよいよ判決だ）と思った。

行ってみると、三人の医師が小さな円卓を囲んで待機していて、雰囲気が何となく重苦しい。

――結局は最悪なのか？　癌の告知はやっぱり嫌なものだ。どうせなら知らされないまま最期を迎えた方がいいのかも知れない。

複雑な気持ちで腰をおろすと、主任医師が静かな口調で語りかけた。

「佐藤さんの胃に早期癌があって、内視鏡で取ることにしました。小さなヤツですが、食道から胃に入ったすぐのところ、しかも裏側にあって果たしてうまく取れるかどうかはやってみなければ分かりません。どうしても無理な場合は外科の手術になります。全摘ですと即完治なんですが……。いずれにしても手術の同意書に署名捺印をしていただきますが宜しいですか？」

本人に対する癌の告知は、淡々としかも明快に行われた。

「早期癌とは、どの程度の大きさのものを言うのですか？」

「大きさではなくて深さなんです。粘膜にとどまっていれば早期癌、粘膜を越えて筋肉層に食い込んでいれば進行癌です」

「早期癌でも、外科では全摘なんでしょうか？」

「胃の上部にある場合は、どうしても全摘になるケースが多いんです。下部の場合は三分の一の切除でも繋げるんですが、上部の場合はそれが無理だからです」

「……」

部屋に戻ると、なぜか全摘の結末だけが脳裡をよぎり、いささか追い詰められた気持ちになった。

――今度のお客は癌と来た。次から次へとガンガン来るが、一体全体何たることだ。百姓と選挙と喘息で鍛えたこの体、そんなものにはビクともせんわ。こうなったら矢でも鉄砲でも持って来いっ!

強がりは言ってみても、現実の不安は日が経つにつれ高まるばかりだった。

地で行く闘病

1

内視鏡による胃の手術は、一週間間隔で二度にわたり慎重に行われた。モニターに映し出される映像の一部始終を、私は暗い内視鏡室のベッドに横たわり、息を殺しながらただじっと凝視した。

胃の病変部をギリギリのところで切除する手術は、粘膜と筋肉の間に食塩水を注入して患部を真下から盛り上げ、そこにワイヤーをかけて狭めながら切り取る。だが、私の場合は二十年以上も前に患った胃潰瘍の傷痕が固く癒着していて、思うように患部の粘膜が盛り上がらず、最初の手術は約四十分で失敗に終わった。

二度目の手術は最初から、管の先端から突き出た小さな電気メスを駆使して、病変部の粘膜を直接切除する方法が採られた。出血もあって胃に穴が開くのではないかとハラハラさせられたが、周辺粘膜もレーザー照射で丹念に焼いたため、癌細胞はこれで全滅しただろうと思えた。血や煙までが鮮明に映し出されるモニターに、目をそむけることもなかった。時間にして約一時間、手術を終えた私は、久し振りに不安からの解放を実感しながらホッとして内視鏡室を出た。

喘息の治療もあってそれから約二カ月後、現代医療の設備と技術を目の当たりにした私は、全てに感謝したい気持ちで無事退院出来た。術後三カ月の胃カメラ検診や細胞の病理検査でも『異常なし』を告げられ、すっかり元気を取り戻していた。

——健康に優る幸せはない。俺の体はやっぱり筋金入りだった。見たかこのガンガン野郎、もう二度と来るなっ！　俺は忙しい。やることが一杯あるんだ。

幾度も、そんな気分になって、一人でニコニコしていた。

ところが、癌細胞はそんなに甘くはなかった。退院後二回目の内視鏡による三カ月検診の結果、私は再び絶望の淵に立たされた。

「同じところから、やはり異常な細胞が見つかりました。難しい場所なので、一度には取り切れず、残ったものと思われます。申し訳ないのですが、ご都合のよい時期に再入院され、今のうちに処置された方がいいと思います。もう一度レーザーで焼いてみて、それからになりますが……」

私は力なく一礼して診察室を出た。自分が堪らなく哀れに思えた。実際問題、後は全摘手術しかないのだろう。

再入院した私を待ち受けていたのは、確かに全摘手術への階段だった。レーザー照射の結果も思わしくなかったらしい。結局は外科手術を勧められ、執刀医からの具体的な説明も受けた。

主治医・家族・兄妹とも相談に相談を重ね、ひとまず覚悟を決めた私ではあったが、術後のことを考えると、どうしても切りたくはないという本音が顔を出す。居たたまれない気持ちを抱え、院内売店の図書コーナーで、関連する参考書をあさっていた時だった。私は意外な本を手にした。慶応義塾大学付属病院・放射線科の近藤誠医師が書いた『がんは切ればなおるのか』（新潮文庫）である。むさぼるように読んだ私は、切る前に直接、近藤医師の診察を受けてみよう……と思った。

ちょうどその頃、三井物産を定年退職したばかりだった弟の公哉が、食道ガンの大手術を受け、横浜の済生会病院で深刻な容体に陥っていた。

――こんな時なのに、今度は俺が胃ガンの手術を受け、兄弟揃ってダウンなんてことはどうしても避けるべきだ。この際俺の手術は、医師に事情を話してひとまず延期してもらうしかない。

私は腹を決めた。早速医師の了解を得て、さっさと退院したのである。

自宅に落ち着いた後、私は、慶大付属病院の近藤医師に、都合のいい診察日時を問い合わせる手紙を出した。近藤医師からは折り返しハガキの返信が届いた。平成十（一九九八）年八月二十九日、私は慶大付属病院で近藤医師の問診を受け、紹介された専門医の胃カメラ検診も受けた。

近藤医師はこう言った。

「佐藤さんのケースは、放射線治療には向かないケースです。手術を勧められているそうですが、確かにそれも一つの選択肢です。しかしこのまま手術をしなくても、或いは変化はないのかも知れません。今日の内視鏡検診の結果は判明した時点で、専門医からご自宅の方へお電話でお伝えしますが、治療法の選択はあくまでも患者さん自身が、主治医とよく相談をされて決めるべきものです。『キャンサー2B』と診断されたのなら、そう深刻にならなくてもいいでしょう」

最後のひと言で、私は救われる思いがした。

——そう言えば通っていた病院の外来で、「この際手術をしなくても、このまま十年先まで病巣に変化がないケースもあります」と説明した医師がいた。近藤先生と同じ見解になる。今や医者の診断は、同じ病院でも一人一人の医者によって違うのだろうか？勉強すべきは、あくまでも患者自身なのであろう。

2

小康を得て、秋口を迎えた頃だった。高校時代の恩師の勧めで、半ば強引に応募させられた第二回私の物語・日本自分史大賞の主催団体、日本自分史学会から、『遠い稜線』

が準グランプリ受賞作品に選ばれた旨正式な通知が入った。実に嬉しい驚きだった。

人生は一寸先分からないものである。この受賞が契機となって、私の新しい自分探しの旅は、どうやら『もの書き』に落ち着くことになったのである。

常時喘息の発作があって、活発に体を動かすことが困難だとなれば、座っていても出来る『もの書き』はまさに格好の仕事？　だった。私は、闘病記やエッセイ、短編ものを暇に任せて書きまくり、充実感さえ覚えるようになっていた。

勿論収入に繋がる仕事であろう筈はない。だが創作活動は、他のそれと同じように、嬉しくなる程楽しいものなのである。老いの日々を、ただテレビに釘付けで過ごすよりも遥かに創造的で面白い。それにカネもかからない。お定まりの旅行は楽しいには違いない。しかし、年金生活では自ずと限度がある。創作活動なら、想像の世界を膨らませるだけで何処へでも行けて、誰とでも会って自由にものが言える。場合によっては登場人物全員について、作者は生殺与奪《せいさつよだつ》の裁量さえ持ち得るのである。

肩が凝《こ》るくらいの代償は何でもないことだった。

気になっていた胃は、翌年の春近所の開業医で受けた検査結果でも「別に異常はない」と診断され、次第に不安からも解放された。人間は実に現金なものである。このまま終着駅まで、再発だけはしないで欲しい……微かな不安を残すだけだった。ただ喘息の方は、常に潜在的な小発作があって、加齢と共に症状はむしろ重くなる傾向にあった。

――俺の喘息は満二歳の頃からだ。だんだん酷《ひど》くなるのも当然だろう。世の中には、もっともっと可哀相な人達がワンサといるんだ。贅沢《ぜいたく》は言えない。しかし、もしこの俺に喘息という持病がなかったら、多くの挫折もまた回避出来たろう。何とか治したい。

そんなある日、私の病状を伝え聞いたという喜多方の友人が来訪した。

「知人で金沢へ行って治療を受け、すっかり良くなった重い喘息患者がいる。貴兄もその病院で診察を受けてみてはどうか」

と言うのである。耳寄りな話だった。良くなったというその人は、喜多方市に住む地方公務員で、一年の大半を病欠したこともある重症の喘息患者。一時は退職を考えたことさえあったのだと言う。金沢の医師は、たまたま喜多方市出身の人で、二、三カ月間の入院治療を受ければ、喘息なら大概はよくなると言う。

私は早速金沢の病院へ電話を入れ、その医師に直接病状を話して、いつ入院すればいいのかを尋ねた。

平成十一（一九九九）年十一月十七日、私は意を決して金沢の病院に入った。

確かにその総合病院には、全国各地から訪れる重い喘息患者が入院していて、専門病棟さえあった。普通の病院とは違って、ここでは喘息患者の鍛錬に重きをおく。早朝の散歩や気功、体操、山登り、乾布・タワシ摩擦、排痰指導など、喘息患者には少しキツ過ぎると思える日課が次々に指示される。発作を恐れて御身大事とばかり、いつもベッドで寝ていたりすると「だから良くならないのだ」になってしまう。当然ながら薬物吸入や点滴、薬の内服など、一般的な対症療法がベースになっていた。

不思議なもので、毎日こうした生活を続けていると、いつの間にか逆に症状が軽くなって、家にいた時とはまるで違う元気な一人一人になってしまう。運動誘発型喘息と言われた私でさえ、平気で体操が出来たのである。病院に居る安心感なのであろう。

この総合病院にはもう一人、喜多方市出身のドクターが在籍していて、偶然にも内視鏡のスペシャリストと称される医師だった。入院一カ月が経過した頃、私は過去の病歴を話して、その医師の内視鏡検診を受けた。

一週間後に判明した検査結果は、「異常な細胞がまだ残っている」という意外なものだった。私は家から遠い所へ来て、外科の手術だけは受けたくないと思った。

「度重なる内視鏡手術で、果たして綺麗に取れるかどうか難しいところはありますが、もう一度だけキャップを付けた内視鏡でやってみましょうか？」

「キャップって、何ですか？」

「極小の円筒型メスです。お茶壺をごく小さくしたようなヤツです。それを管の先端に付けて、出来るだけ深く病変部を切り取るのです」

「胃に穴が開くようなことはないのでしょうか？」

「この病院では、過去三百例中二例ほど穿孔《せんこう》がありましたが、細心の注意を払いますから大丈夫です。仮に穴が開いたとしても、処置する方法はありますから……」

「宜しくお願いします」

「えーと、年明け早々になりますが、一月四日の午前十時から内視鏡室で、ということにしましょうか？」

「分かりました」

手術を直前に控えた平成十一年の大晦日。私は深夜病院の外へ出て、いかにも荘厳な除夜の鐘の音を、独りしみじみ聴き入った。北陸の小京都・金沢市内に点在する大小各寺院から流れるその音は、重なり合って全身に染みわたる。これまで聴いたことのない、重い響きがあった。

——家では今頃、帰省した娘達を囲んで、みんな俺を心配しながら年越しそばを食べているだろう。大晦日の父親不在に笑顔はない筈。必ず治って帰るからなぁー。

私は家族に思いを馳《は》せながら、ひたすら手術の成功を祈った。

手術は四十五分程で終わった。

「うまく取れたようです。患部は人工潰瘍《かいよう》のような傷になっておりますが、綺麗に治るまでには八週間かかります。今後三カ月おきに二度検査をして、それで異常がなければ、その後は居住地で年に一度の住民検診を受ければいいでしょう」

手術を終えた内視鏡室で、医師は自信に満ち溢れた表情でそう説明した。

――これが最後の手術となって、幸運にも完治するのなら、もう何も言うことはない。先生有り難うございました。これで金沢へ来た甲斐がありました。

私は思わず、手を合わせたい気持ちだった。

悪夢は去った

その後二度にわたる、術後三カ月ごとの検査結果は、医師の予言通り『全て異常なし』に終わった。

――早期発見なら癌は決して怖くはない。治療技術の水準も確かに高い。大事なのは日頃の食事と健康管理。そしていざという時に、患者自身が決めるであろう病院と医者の選択を、決して誤らないことだ。患者の命運はこれでほぼ決まる。

告知を受けた時からもう五年。今を元気に暮らす私は、顧みてつくづくそう思う。

「お父さん。喘息が温泉療法で治るんだって。この本に、その病院名と内容が出ているわよ。思い切って行ってみたら？　お父さんにはうってつけだと思うけど」

医療情報誌を読んでいた陽子が、新しい発見でもしたかのように話しかけた。

「温泉療法？　どれどれ」

その雑誌には、岡山大学付属病院三朝《みささ》分院の喘息療法が詳しく紹介されていた。三朝温泉は、単純泉ながらラドンを含む重曹食塩・放射能泉で、ラドンの含有率は世界屈指。これが重症難治性喘息患者には特効があるのだという。

私は迷わず手紙を書いた。院長の教授から返事があって、平成十三（二〇〇一）年九月中旬、私は身の回り品とワープロだけを抱えて、早速同病院に入院した。

鉄筋四階・一部五階建ての見るからに綺麗な同分院は、三朝温泉街の町はずれ。三朝川を挟んで周囲を山に囲まれた清浄な環境にあった。大きな屋内温水プールと深夜を除いて何時でも入れる温泉浴場、飲泉室、泥治療室、屋根付き屋外プールなど、見たこともない施設が目を引く。病院の敷地内には、幾コースもの散歩道や東屋のある庭園、山肌に沿って緩急のついた二百五十段の鍛錬用階段なども備えてあった。喘息患者だけでなく、腕や脚に障害を持つ人、リュウマチ患者らが、これら施設を活用しながら、日々喜々として治療に専念していた。確かに我が国唯一の、本格的な温泉療養所である。

私は約三カ月間、ここで入念な治療を受け、喘息の発作もすっかり治まった。「エゴマ（ジュウネン）油」を使った食事療法のお陰もあって、入院時六十七キログラムだった体重が十キログラムも減って、五十七キログラムのスリムな体で、もうすぐ年末には退院する予定になっていた。

そんなある日の朝。病室の拡声器で家からの電話を知らされた私は、ナース・ステーションへ飛んで行って受話器を取った。すると陽子が慌てて叫んだ。

「お父さん大変！　今朝、森合のお姉さんがクモ膜下出血で突然倒れ、救急車で日赤病院へ運ばれたけど、意識不明の危篤なんだって」

「えっ！　兄貴から連絡があったのか？」

「横浜の公哉さんが、睦子さんからの連絡だと言って、たった今知らせてくれたの。すぐ行ってみようと思うけど、お父さんも早く帰って来た方がいいみたい」

「うん、分かった。事情を話して出来るだけ早く帰る。姉さん、手術は受けたのか？」

「それが出来ないらしいの。脳幹部分がやられているそうよ……」

私は、棒立ちになったまま声を呑んだ。

――病気らしい病気もせず、あんなに元気だった義姉が、なぜこんなことになるんだ。七十歳を過ぎると、誰だっていつどうなるか先は分からなくなる。だが、何とか意識だけは戻ってほしい。このまま寝たきりでは、亡くなったおふくろと共に、家族・兄妹のため苦労を重ねて来た兄貴夫婦が可哀相過ぎる。

悲しみの激情がどっと込み上げ、私は居たたまれない気持ちだった。

重い個の完結

平成十四年元旦。わが家は久々に、家族全員が顔を揃える新年を迎えた。

昨年末、義姉に続いて満九十歳になる陽子のおふくろが脳梗塞で倒れ、義姉と同じ福島日赤病院の向かい合う部屋に入院したこともあって、みんながその後の容体を心配する年明けだった。二人は共に入院後も意識は戻らず、寝たきりになったのである。

人は誰でも「生老病死」を避けて通ることは出来ない。ここまで懸命に生きて来て、ふと気が付くと、周りがそうであるように、私に残された最後の大仕事は最早たった一つしかなくなったのだろうか？　時代は随分変わった。変化のテンポにとてもついて行けそうもない。加齢と共に次第に体力もなくなって、心細くなる先行きを思うと今にして初めて、老後の侘《わび》しさ・空しさが痛く身に滲みる。

——一病息災で、この先はまだまだ長く、ここからが一番いい時期だと思えばいい。どうせ波瀾万丈なら、ある日たった一枚買った宝クジで、一億円が当たらないとも限らないだろうよ。何よりも健康が維持出来るのであれば、それでいいではないか。何事によらずやるべきことは一途《いちず》にやって来た。これ以上望むものなど何もない。人生を達観してここからは、全てに自然体で向き合う自分でありたい。

私はつくづくそう思った。

私が人は肩書きより、人間そのものだと思うようになったのは、陸軍少尉の肩書きに殉じた父への疑問からであった。父の自決は、当時の軍国主義教育による、軍人の責任の執り方にあったことは確か。しかし、あれから足掛け五十八年、半世紀以上にも及ぶ長い経過の中で、父への疑問に直結する新たな情報は、一切得られないままである。戦争は人々の心に、いつまでも晴れない闇を残し続ける。結果的に私は当時、県会議員を目指していた父の遺志だけは自分が継がねばなるまいと一念発起、以来困難に立ち向かう生き方を以てよしとして来た。

――つまり、「立派な最後だった」と言われた父の自決はともかく、残された母親と六人の子が、それからどんな辛酸をなめただろう。わが家に限らず多くの人々が、同じ境遇に泣かされたことを思うと、もう二度と再びこんな悲劇を許してはならない。自分は、直接意見の言える公《おおやけ》の場に出て行って、つのる思いをそのままぶつけてやろう。父もきっと喜んでくれるに違いない……。

時の経過と共に強くなったそんな気持ちが、結局は私の生き方を決定づけたのである。父への断ち難い惜別と母への畏敬《いけい》の念が、私をそうさせたとも言える。全体主義教育の影響力は甚大《じんだい》だ。しかし親の子に対する影響力はさらに強烈だったことになる。親子とはそういうものなのであろう。

私が困窮に喘《あえ》いでいた若い頃、その先に見つめ描いた人間としての理想的な到達点があった。それは、常に無言の励ましをくれた秀峰飯豊のように、絶えず凛とした優しさと実質を内に秘め、連なる山々と共に、端然と生きる人になりたいという夢であった。目指したその峰に、自分は近づくことが出来ただろうか？

答えはどこまで行っても道半ば、遠く及ばず仕舞いのまま、おそらく私は人生の終焉《しゅうえん》を迎えることになろう。

――人間を極める道は無限にして遠い。だからこそ私は生ある限り、その遠い道をゆっくり歩み続けたい……何事も最後は人だ。神の導きか、健康は回復した。

見上げる晩秋の爽やかな青空に、飯豊の稜線が深雪を冠して眩しかった。

（完）

あとがき

長い時間をかけ、心を込めた自分史がようやくまとまった。

終始ドラマの脚本でも書いているような気持ちだった。

文芸社の新刊として、これが世に出ることを思うと感無量である。

四章までは、二年がかりで少し以前にまとめたもの。今回は五章「遠い道」で、それから以後現在までを新たに執筆、全体を再編集して区切りとした。

まとめ終えて思うのは、確かに事実は小説より奇なりである。しかし、改めて我が身に降りかかった多くの試練を振り返ると、今更ながらよくぞ乗り切れたものだという、万感の思いが込み上げる。

私には、人知れず持病の壁があって、より多くの挫折や失敗を繰り返して来た。しかしどんな場面でも、決して絶望だけはしなかったのである。それは、自決した父が残してくれた無言の教訓があったからである。

誰であろうと人生は波瀾万丈だ。失敗や挫折のない人生などある筈がない。だからドン底に落ちた時に、そこからまともに、どう這い上がり立ち直るかによって人の値打ちは決まる……実践あるのみだ。

私はそう考え、自分なりに精一杯生きて来た。

その限りでは、今更悔いなどあろう筈はない。改めてお世話になった余りにも多くの人々に対する、感謝の念で胸が熱くなるだけである。

私の過去に、余人では成し得ない生き方だ……と思われそうなところがいくつかあるにせよ、実はその全てが、その時々周囲の人々の善意と力に負うものだったのであり、私一人では、何事も実現は出来なかったに違いないと実感するからだ。

まとめ終えた『遥かなる稜線』も、私の人生の中間報告でしかない。ここから個の完結へ向けて、果たして自らは何を成し得るのか？　これこそが唯一私に残された重い課題だと言える。これから生涯賭けて、体力の許す限り個の挑戦は続くだろう。生きる証の連鎖は、だからこそ楽しく面白い。

十年後か二十年後にこの続きを書いて、ぜひ作品を完結させたい。しかしこればかりは、先の見えない濃い霧の中、限りある命が堪らなくいとおしい。

兄・公基夫妻の助言と力添え、出版に際してカバーの水墨画を提供してくれた庄司美代子さん、お世話になった文芸社のみなさんに、心から御礼を申し上げたい。

平成十五（二〇〇三）年・春

自宅の書斎で

佐藤　公威

著者プロフィール

佐藤　公威（さとう　こうい）

1931年4月　父の勤務先だった北海道庁留萌支所の官舎で生まれる
1947年6月　敗戦直後父がビルマで拳銃自決したことにより福島師範学校予科を中退
1948年12月　仙台逓信講習所普通科を卒業して郵便局に勤務
1954年5月　全国青年弁論大会で優勝したことがキッカケで福島民友新聞社に入社、社会部記者·県政記者などを勤める
1967年4月　福島県議会議員に初当選、以後通算五期二十年間在職
1997年10月　突然胃ガンと診断され全摘を宣告されるも、以来数年にわたり、内視鏡手術を重ねて克服
1998年10月　著書『遠い稜線』が、日本自分史学会主催の「第2回私の物語・日本自分史大賞」で準グランプリを受賞

遥かなる稜線

2003年3月15日　初版第1刷発行

著　者　佐藤 公威
発行者　瓜谷 綱延
発行所　株式会社文芸社
〒160-0022　東京都新宿区新宿1－10－1
電話　03-5369-3060（編集）
03-5369-2299（販売）
振替　00190-8-728265

印刷所　神谷印刷株式会社

ISBN4-8355-5277-6 C0095